行者足迹

菩提洲 著

海南出版社
·海口·

与日常生活的种种情境相比，朝圣过程中的所见所闻更能够唤起我们对三宝的忆念和对法的领悟。

——希阿荣博堪布

跟随希阿荣博尊者的足迹去朝礼

序言 Preface

走过你来时的路

人生到处知何似，应似飞鸿踏雪泥。

——苏轼《和子由渑池怀旧》

我经常会想起25岁之前的日子，虽不及五陵年少的风流自在，过的也算是平民版银鞍白马的活泼日子。大把大把的时间花在玩儿上，我有足够的勇气一个人出去旅行，并给这个系列起名叫“未知的旅行”（Unknown Journey）。未知，把一切交给因缘。每去一处，必然会有当地的几座著名的寺院名列打卡地清单，也不知何时形成的这样一个习惯。旅行路上，要用心跳出那个惯常的环境，带着一程欢喜，感受自然清风和人间烟火。天涯踏尽，仍是红尘。可天涯之外呢？

当这样梦幻般的未知旅程累积了十次后，我去了一个地方，也就是本书的主人公希阿荣博堪布建立的道场——扎西持林寂静地。堪布真是一个懂旅行的人，他懂得那些在路上的人想要得到什么、应该得到什么。他将这些全然呈现给你。堪布经常说，希望即便是路过扎西持林的人，也能得到解脱的安乐。于是，多年养成的对于旅行的向往，仍未泯灭，一场心的旅行从此开始。此身安处，此心安处。

我们不可能留住时间，同样，也无法留住曾经的脚步。比起旅行本身，更重要的是你踏出家门的目的，期待最终完成的额度，以及用脚步为自己、为有缘人留下的印记。

古时，出行是一件不容易的事，这是对生命的承诺。所以我一直对《徐霞客游记》的作者徐弘祖保持着相当高的敬意。近些年，大家对玄奘的认知不再停留于“唐僧”，慢慢树立起一个稍微接近真实的印象。《大唐西域记》也为更多人所熟知。这是我比较喜欢的两本游记，其对于研学人文历史、国土风貌和古代堪舆的意义自不必多说，让我印象更深刻的是，二者从字里行间流露出的作者的凝心不移、金玉不换的信仰。广义的信仰，不分世出世间，是一种信念，一种勇气——如同“菩萨”。菩萨其实是梵语“菩提萨埵”的简称，此华言“大道心成众生”，以勇敢的心去成就众生的安乐。

而这勇敢不是冲动的、短暂的，而是智慧和慈悲的共同作用力。所谓“大雄宝殿”的“大雄”，即是智悲合一后散发出的无限力量。

这种力量，同样渗透在《行者足迹》的每一篇文章中，我们去体悟便可发现，字字句句，随文入心。本书的执笔者俄色桑吉追随堪布多年，用二十余万字记录下堪布十几年里朝礼汉藏各大佛教圣地的故事。这不是普通的游记，而是对堪布足迹最忠实的记录，尤其是 2002 年春天，堪布在拉萨一个多月的行程安排。有机会进入圣城的人，不论停留时间长短，大可参照这些文字来规划自己的行程，不浪费和圣地的邂逅。

这些文章最初是以连载的形式发布于次第花开网站，我每一篇都读过。彼时总想着有机会的话一定要按照这些路线走一遍。对我来说，弥足珍贵的不仅是对风光的描述、对建筑的介绍和引人入胜的典故，还有堪布在每处圣迹的开示和教诲。即使暂时没有机会前去朝圣，但这旅行的意义，堪布已然传递给我们。

对于大部分人来说，整个旅程中，最艰难的是迈出家门的那一步。之后的种种，既然已经“在路上”，那么所有的际遇都是应该发生的，值得珍惜。我用了七年时间学习与旅游相关方向的知识，虽然学也没学好，但接触的专业知识还是能让我看出来，哪些游记是认真地在行走、在经历，充满着热情和期待，负责任地向读者分享“走心”的见闻觉知。尤其是佛教的朝圣之旅，更是需要这样一位内行的向导。喏，已经在你手中了。

我在藏地生活了相当长的一段时间。透彻的天地、透彻的心，有时候会温习堪布朝礼拉萨的记录，因为那不仅是游记，每到一处，堪布走的是祖师们的足迹，开示的是祖师们的功德，引导的是更快到达彼岸的方法。菩萨有四种事业来摄受众生，其中一种叫作“同事”，大致是，他知道众生的苦乐，知道每个人摆脱痛苦走向安乐的路，所以，“和其光，同其尘”——这条路，他陪着一起走。

我曾去九华山参学，其间没有一天不想念上师希阿荣博堪布。朝霞暮霭，郁郁翠竹，在课业之余朝礼几座寺院，或是低头凝视石阶，或是顺着山路蜿蜒行走。心头数着，这些台阶，堪布也曾经踏过的；这座寺院，堪布在其间传过法；这块大石头，堪布在此处念经安住……此时，心里的温暖和思念强烈地涌动着——会更加直接感受到，圣者足迹所及，加持随之而至。

前世今生的因缘驱使着你，迈进那迎来送往、众生平等的寺院山门，必然会遇到一个人或者一件事，缘道缘君。你或好奇或虔诚的眼神与一尊佛像低垂的慈眸刹那交汇，仿佛佛也看透了自己心中的纷杂。电光石火间，像是擦出一道光，唤醒了你。走进这本书，在法门寺地宫，堪布令大地震动的念诵之声，是否撼动你深深的执着？在小昭寺前，一抹红色僧衣映着拉萨大圆满天空下的虹，是否让你一窥自性？

而当你迈出山门时，抬眼是红尘，回首是空门。这一切真的发生过吗？可那梵呗入云消散，僧踪仅留幻影，焚香已无迹可寻。没有发生过吗？彼时的寂静清凉，透过俗世的尘埃，丝丝沁入、滋养着生命这场逆旅。

相遇，亦是相聚，与久违的自己、与在轮回中等待着你的那个能带来温暖和勇气的人。

拥措卓玛

藏历土狗年吉祥九月于虹光山上

目录 Contents

第二章

五台山

第三章

普陀山

第四章

峨眉山

第五章

九华山

第六章

鸡足山

第七章

少林寺 白马寺 法门寺 广仁寺

金殿

第一章

西藏

旅游小贴士

• 大昭寺

大昭寺位于拉萨老城区中心，是西藏的第一座寺院，始建于唐贞观年间，在藏传佛教中拥有至高无上的地位。该寺最初称“惹萨”，后成为这座城市的名称并演变成当下的“拉萨”。时至今日，拉萨人生活中的一切都围绕它展开。拉萨之所以有“圣城”的美誉，主要是因为大昭寺内主供的一尊释迦牟尼十二岁等身像，这尊佛像也成为大昭寺的镇寺之宝。

• 大昭寺觉卧佛（释迦牟尼佛十二岁等身像）

大昭寺内供奉着一尊享有世界上最为罕见之尊荣的释迦牟尼佛十二岁等身像。此像为佛陀在世时弟子们请工匠所造，后由印度奉送给中国。文成公主入藏时，将佛像由长安带到拉萨，并建小昭寺以供奉，后移入大昭寺。人们坚信见到此像与见到两千五百年前的佛陀没有区别，历朝历代的人们皆为佛像贴金，在大昭寺前礼拜，粗糙的石板已被磨得如镜子般光滑，更有人不远千里，用自己的身躯丈量朝圣之路，到大昭寺顶礼“觉卧仁波切”。

• 布达拉宫

布达拉宫位于拉萨市区西北红山上，在藏族人心中，这座山犹如观音菩萨居住的普陀山，因而藏语称之为“布达拉”（普陀之意）。最初是松赞干布为迎娶墀尊公主和文成公主而建，清代以后成为供奉历世达赖喇嘛灵塔之地。布达拉宫还是世界上海拔最高，集宫殿、城堡和寺院于一体的宏伟建筑，被称为“世界屋脊上的明珠”。

• 桑耶寺

桑耶寺位于雅鲁藏布江北岸的哈布日山下，又名“存想寺”“无边寺”，始建于吐蕃王朝时期，与莲花生大士有着极深的渊源。传说在寺院初建时，藏王赤松德赞急于想知道建成后的样子，于是莲花生大士就从掌中变出了寺院的幻象，赤松德赞看后不禁惊呼“桑耶”（意为“出乎意料”），寺院因此得名。桑耶寺是西藏第一座剃度僧人出家的寺院，也是西藏第一座佛、法、僧三宝俱全的寺院，拥有崇高地位。

• 青朴神山

青朴位于桑耶寺东北 8 千米处的纳瑞山腰，这里三面环山，山谷正南面敞开处正对着雅鲁藏布江河谷，非常有气势。这大概也是众多高僧大德乃至八方游子都将这里视为闭关静修圣地的原因，也因此，青朴与桑耶共负盛名，当地人还认为到了桑耶寺而不去青朴，就等于未到桑耶。如今山中仍有不少修行者在闭关。

• 昌珠寺

昌珠寺位于山南雅砻河东岸的贡布日山南麓。昌珠意为“鹞龙”，相传这里原是一片湖泊，湖中的恶龙被松赞干布化身大鹏鸟降伏后才得以建寺，昌珠寺也由此得名。昌珠寺的镇寺之宝是一幅世界罕见的珍珠唐卡，由元末明初时乃东王的王后出资制成，寺内还有大量吐蕃时期的珍贵壁画。寺中铜钟由汉僧监铸，是唐蕃之间文化、宗教密切交流的历史见证。

• 藏王墓

藏王墓位于雅鲁藏布江南岸木惹山，现在尚可辨认的墓葬共有 9 座，包括松赞干布陵、墀松德赞陵、牟尼陵等。藏王墓建造工程之艰巨不亚于秦、汉诸陵，如今地上建筑大多已不复存在，但据文献记载，每个藏王陵墓中都殉葬了大量珍贵文物和金银珠宝，是研究吐蕃王朝历史的宝贵实物。

• 才让迥（次仁迥寺）

才让迥位于西藏山南市琼结县，是大圆满宁提派传承祖师晋美林巴尊者所建的隐修苑，尊者圆寂后成为尼众寺院，规模不大但深具影响力。寺内供奉着尊者的肉身佛塔和由尊者亲手雕刻并开光的护法石像，还有一处由尊者开取的伏藏泉眼。

• 雍布拉康

雍布拉康位于西藏山南市泽当镇东南，距拉萨约 150 千米。“雍布”意为“母鹿”，因其所在的山形似母鹿而得名；“拉康”意为“神殿”。据史书记载，雍布拉康为第一代赞普所建，是西藏历史上第一座宫殿，距今已有两千多年历史。松赞干布时期雍布拉康由宫殿改作寺院。

• 小昭寺

小昭寺位于拉萨古城之北，与大昭寺同日开工同日落成，连称“拉萨二昭”。相传文成公主入藏行至小昭寺时木车陷入沙地，遂把释迦牟尼佛十二岁等身像留在此地，并建小昭寺供奉。又传说唐朝要派兵抢走佛像，于是当地人就将其藏至大昭寺，后来便一直供奉在大昭寺。小昭寺内则供奉墀尊公主带来的释迦牟尼佛八岁等身像。

• 色拉寺

色拉寺位于拉萨北郊色拉乌孜山麓，始建于明永乐年间，是藏传佛教格鲁派六大寺之一，与哲蚌寺、甘丹寺合称“拉萨三大寺”。寺内保存着上万尊金刚佛像。色拉寺僧众每天都有一次辩经活动，这也是到色拉寺旅游的人，除了观光朝佛以外最感兴趣的活动。

• 药王山

药王山位于布达拉宫右侧，山上的麦巴扎仓（从前各地选派喇嘛来此学习藏医药知识）供奉着蓝宝石的药王佛像，汉人称之为“药王庙”，也叫“药王山”。山后面是著名的万佛墙，刻有大大小小上千尊佛像，十分壮观。药王山东麓陡峭的山腰上有一座造型奇特的石窟寺庙，开凿于松赞干布时期，岩壁上有数尊石刻造像。

• 扎什伦布寺

扎什伦布寺位于日喀则尼色日山下，始建于明代。扎什伦布寺与“拉萨三大寺”以及青海的塔尔寺和甘肃的拉卜楞寺合称格鲁派“六大寺”。寺东北部的展佛台，是一大特色景观。寺内供奉的弥勒（强巴）佛像，是目前世界最大的鎏金铜塑佛像。

• 萨迦寺

萨迦寺位于日喀则奔波山下，是藏传佛教萨迦派的主寺。采用象征文殊菩萨的红色、象征观音菩萨的白色和象征金刚手菩萨的青色来涂抹寺墙，所以萨迦派又被称为“花教”。以前萨迦寺分南寺和北寺，北寺早已被毁，如今所说的萨迦寺多指南寺。寺内藏有众多极其珍贵的文物，所以又被誉为“第二敦煌”。

• 哲蚌寺

哲蚌寺位于拉萨市西郊，既是格鲁派实力最雄厚、地位最高的寺院，也是西藏规模最大的寺庙。哲蚌寺佛殿众多，鳞次栉比的白色建筑群铺满山坡，远望好似巨大的米堆，故名“哲蚌”（藏语意为“米聚”）。中心建筑措钦大殿内供奉着弥勒菩萨八岁等身像以及镇寺之宝“右旋海螺”。每年藏历六月三十的拉萨雪顿节，即是以哲蚌寺为中心，清晨“晒大佛”，接着举行藏戏会演，僧俗同庆。

• 罗布林卡

世界文化遗产罗布林卡位于拉萨西郊，始建于 18 世纪 40 年代，原是历代达赖喇嘛的“夏宫”，有人把它称为“拉萨的颐和园”。罗布林卡的园林布局，既有青藏高原的特点，又吸取了汉地园林的传统元素，是中国园林中的珍宝。每年的雪顿节，是罗布林卡最热闹的日子。

• 冈日托嘎

“冈日托嘎”意为“白颅雪山”，位于距拉萨约 25 千米的曲水县才纳乡，海拔 4500 米，为宁玛巴大圆满传承祖师全知无垢光尊者（龙钦巴）长年驻锡、修行、弘法之地。尊者在这里撰写了《龙钦七宝藏》等众多大圆满传世著作。

• 卓玛拉康（聂当寺）

卓玛拉康位于拉萨西南 20 多千米的曲水县聂当乡。相传阿底峡尊者曾居于此，圆寂后弟子们遂建寺纪念，俗称“聂当寺”。因主供尊者生前随身供奉的本尊能言度母（卓玛）铜像，遂名“卓玛拉康”，又名“聂当度母殿”。卓玛拉康还珍藏着尊者当年随身供奉的一尊弥勒（强巴）佛像，相传在非常年代，此像一被手指触碰便会发出“阿嚓、阿嚓”（类似汉语“哎哟”）的反应，从而使卓玛拉康免于毁坏，此像因此得名“强巴阿嚓”。

• 聂当大佛

聂当大佛又称大菩萨，为释迦牟尼佛坐像，高约 9 米，是西藏最大的一尊摩崖石刻，位于卓玛拉康以东不远处的公路边，是观光者从贡嘎机场乘车进入拉萨时的一大景观。

• 甘丹寺

甘丹寺位于拉萨达孜区的旺波日山上，距拉萨 57 千米，由格鲁派创始人宗喀巴大师于明永乐年间亲自筹建。甘丹寺是格鲁派的祖寺，为格鲁派六大寺院之首。寺内保存着历代甘丹赤巴的法体灵塔 90 余座，并藏有大量明代以来的艺术珍品和文物，佛像亦非常精美。

• 堆龙圣泉（雄巴拉曲神水寺）

"雄巴拉曲"意为"木盆神水"，位于拉萨市堆龙德庆区西南 15 千米处，传说为公元 8 世纪时莲花生大士途经此地见百姓无饮用水，便用卡杖凿出的一眼甘泉。莲师在凿泉时对众人说："神泉即涌，端盆来。""雄巴拉曲"因此得名。

• 扎耶巴寺

扎耶巴寺位于拉萨市达孜区的一处悬崖上，距拉萨市区约 30 千米，已有一千五百年历史，最初为松赞干布为王妃芒萨尺姜所建的修行殿，最大特色是以洞立寺，洞寺合一。扎耶巴寺既是西藏历史上有名的寺庙，也是西藏四大隐修地之一，莲花生大士、阿底峡尊者等曾在此修行。

大昭寺

大昭寺觉卧佛（释迦牟尼佛十二岁等身像）

布达拉宫

桑耶寺

青朴神山

昌珠寺

藏王墓

才让迥（次仁迥寺）

雍布拉康

小昭寺

色拉寺

药王山

扎什伦布寺

萨迦寺

哲蚌寺

罗布林卡

冈日托嘎

卓玛拉康（聂当寺）

聂当大佛

甘丹寺

堆龙圣泉（雄巴拉曲神水寺）

扎耶巴寺

出发之前

3 月，春回大地，万物复苏，忙碌的人们又开始制订各种计划，播种自己一年的希望。

根据多年前的计划，希阿荣博堪布也利用 2002 年的这个春天，前往雪域圣城拉萨等地朝圣，圆满实现了自己多年来的愿望。

今天距离出发时间还有两天。早在几天前，堪布就已经提前安排自己的母亲、姐姐等眷属先行前往拉萨，这其中还包括堪布没有出家的哥哥和弟弟。说起堪布的哥哥和弟弟，即使是去过堪布的家乡扎西持林多次的弟子也不一定熟悉。虽然近年堪布在家乡的声望与日俱增，在那里，很多寺庙、出家人和贫困的在家人都得到过堪布不少的帮助，但这兄弟二人却没有因为自己是堪布的眷属而享受到特殊的关照，依旧与当地的牧民一样，过着简朴甚至有些清贫的生活，有时不得不为了生计而外出打工。但这次朝圣，堪布特意带上了自己的这两位兄弟："藏地差不多全民信佛。对于藏族人来说，一生当中最大的心愿就是能到拉萨朝圣，如果能到拉萨朝拜布达拉宫和觉卧佛像，那么死的时候就不会有太大的遗憾了。哥哥和弟弟家里不怎么富裕，平时我也没有给过他们多少帮助，但这次能到拉萨朝圣，可以说是关乎他们这一世修行与解脱的大事，所以我一定要带上他们。”这天一早，在与弟子们聊天时，堪布讲出了这番话。

这段时间，恰逢大恩上师法王如意宝在成都驻锡。早餐后，堪布从自己的住处出发，前去向法王辞行。自从当年来到喇荣五明佛学院依止法王如意宝至今，希阿荣博堪布无论是外出弘法还是返回家乡，都一定要向法王如意宝禀告并得到法王的开许，近 20 年来从无例外。

来到法王住处，与法王的侍者们打过招呼后，堪布蹑手蹑脚地走进了法王的房间。在向法王顶礼供养后，堪布说明了来意。法王如意宝简单地询问了自己这位心子的朝圣计划后，老人家忽然想起了什么，把侍者叫到身边耳语了几句，不一会儿，这位侍者拿着一个纸包交给了法王。法王如意宝接过纸包，亲自取出一条象征吉祥如意的哈达将纸包包好。

应该是钱！把这一切看在眼里的希阿荣博堪布此时已经完全明白了法王的意思，马上向法王祈请道：“这次朝圣的费用已经准备好，您老人家不用担心。”但堪布的这番话好像在法王那里根本没有起到什么作用，老人家执意将包交给堪布，就在父子二人相持的时候，旁边的阿里美珠上师与门措上师也劝堪布一定要带上。这应该是三位上师对这位即将远行的弟子的一种祝福吧。其实在近 20 年的相处中，法王如意宝与自己的这位心子间的父子情谊已经远远超过了世间人的想象，而法王如意宝此时的示现，也完全是基于老人家对这位心子的深刻了解：他平时的生活虽然非常简朴，但在行持护生、供养等善法时却从不吝惜，有时甚至是不计“后果”，更何况这次是前往拉萨这样的圣地朝圣，带上这些钱一定能为自己的这位爱子备不时之需。接下来堪布历时一个多月的朝圣经历，也完全印证了法王如意宝的这个“担心”，父子二人心灵的相契，也让后来所有得知此事的弟子深受感动。

带着三位上师的祝福与加持，希阿荣博堪布返回了自己的住处。

第二天就要启程，希阿荣博堪布为此次朝圣做着最后的准备并与已经到达拉萨的弟子联系，了解那边的情况。从这天上午开始，准备跟随堪布去拉萨朝圣的汉地弟子们也陆续赶到了成都，能够见到堪布又要马上跟随堪布去朝圣，大家的心情自不必说。而同时与那么多以前只通过电话而未见过面的师兄相见，更让人有一种新奇又亲切的感觉。师兄们无所不谈，一直持续到了深夜。在对即将开始的朝圣之旅的憧憬与对圣地的向往中，弟子们渐渐地进入梦乡。

初到拉萨

这天，匆匆用过早餐后，师徒一行就赶往成都双流机场，开启了此次朝圣之旅。

中午时分，一架西南航空公司的飞机载着希阿荣博堪布和他的弟子们，飞向雪域圣城拉萨。就在飞机加足马力驶离地面的一瞬间，堪布双手合十，向着圣城的方向念诵祈祷的经文。十几分钟后，飞机就爬升到了1万米左右的高空，进入了巡航飞行状态。也许是第一次来到雪域圣地的上空，此时堪布有些迫不及待地解开安全带，走到飞机的舷窗旁：舷窗外浩渺的云海下，一座座晶莹剔透的雪山突兀其间。白云、雪山交相辉映，把雪域圣境的上空装扮得如绽放的朵朵白莲。就在那一座座雪山的深处，本师释迦牟尼佛为利益众生传承下来的甘露妙法被完整地保留下来。一千多年来，这片广袤而丰饶的土地，已经成为无数寻求解脱的人的心灵家园，好一个雪域佛国！观音菩萨度化众生的庄严道场！

在舷窗边凝视了很久后，堪布才缓缓地回到座位上，开始与身边的弟子们聊天。飞行了两个多小时后，飞机开始缓缓下降，大家知道，圣城拉萨到了。

到机场迎接堪布的是一位30多岁的藏族人和他的几位朋友，后来经堪布介绍，大家才知道他叫多登，贡觉康巴人，几年前来到拉萨经商。因为对堪布的信心，此次朝圣期间多登完全放下了自己的生意，始终陪伴堪布左右。也许是被他的信心与真诚打动，在一个多月后堪布离开拉萨时，多登意外地得到了堪布“无意”间赐给他的一件珍贵“礼物”。

拉萨的贡嘎机场距离市区近60千米，但相信没有人会觉得这段路程漫长，一路之上碧空如洗，身边淌过清澈的河水，甚至这里呼吸的每一口空气都让人感到那么纯净。虽然朝圣还没有正式开始，但我们这些远道而来的朝圣者的心于此时已经开始被圣地洗涤了。

拉萨城区其实并不大，进入市区转过几条街道，随着多登介绍的话音刚落，雄伟的布达拉宫霍然出现在大家眼前。此次跟随堪布朝圣的弟子应该都是第一次看到布达拉宫，凝视着这座向往已久的圣殿，所有人无不百感交集，而坐在多登身边的希阿荣博堪布此时更是情不自禁地把手中的念珠绕在手腕上，恭敬地双手合十。

驶过布达拉宫广场，又穿过了几条街道，车子径直驶入了一条窄巷。巷口早已有不少藏族信众在此恭候，见堪布到来，大家马上在路旁点燃了供养的桑烟，然后沿着街巷依次排开，双手将哈达举过头顶，向远道而来的尊者献上吉祥的祝愿。见此情景，堪布也马上下车，接过信众供养的哈达，又一一为大家戴好，并为每一位信众摩顶赐福。原来这里就是多登的家。由于天色渐晚，堪布在多登家里稍事休息后，就来到了此行在拉萨的主要住处——位于拉萨市区的一家宾馆。

宾馆的老板也来自堪布的家乡德格，此次他特意将堪布供养在自己开的这家宾馆。藏族的大多数人就是这样，因为多年佛法的浸润，无论在做什么，也无论身处何方，他们对上师三宝的信心与恭敬心都不会改变。随行的弟子们这一次也沾了堪布的“光”，老板听说大家是跟随堪布来朝圣的，马上给出了很低的折扣。

晚饭后，大家刚刚到达拉萨的兴奋开始慢慢退去，不少人出现头晕、恶心等症状，严重的还不得不让宾馆提供氧气，开始吸氧。

由于严重的高原反应，几乎所有汉地的弟子都对自己到达拉萨的第一个清晨印象深刻，而几位吸氧的弟子更是彻夜未眠，早上起来一个个显得无精打采。当大家一早相约来到房间向堪布问安时，看到的却完全是另一番景象：堪布正一边吃着糌粑一边与几天前就来到拉萨的藏族弟子谈笑风生，这里面就包括跟随堪布前来朝圣的刀登活佛和白玛多吉、拉夏喇嘛等几位出家师父。交谈中，堪布特有的爽朗笑声时常响起。也难怪，拉萨地区的海拔与堪布的家乡德格相差无几，而对藏地环境的适应，更是让堪布每次返回藏地后，身体都显得格外的好。房间内轻松愉快的气氛与几位汉地弟子因高原反应而显现的萎靡形成了很大的反差。看到大家进屋，堪布马上招呼大家坐好，开始嘱咐道：“今天你们就在宾馆好好地休息，不要到处乱走。他们已经帮忙联系好，我们明天就可以到大昭寺为释迦牟尼佛十二岁等身像贴金供养，我们大家还要一起念经发愿，我担心大家的身体如果不能马上恢复会受到影响。”按照堪布的嘱咐，大家到达拉萨的第一天基本上都是在宾馆中度过的。

在此期间，慈诚师兄的反应却有些与众不同。慈诚师兄早在

1998年就依止堪布，多年来对上师和无上密法信心坚定，出离心和菩提心日渐增长。此次跟随堪布来到圣地，在朝圣之初慈诚师兄的身体就出现了一些不可思议的行为。由于圣地的加持，许多世俗的念头在他的心里已经完全消失。今天的表现一定是他修行有所进展的反应。在得知了这位弟子的情况后，堪布安排其他人去八廓街请来了一串念珠，加持后亲自给慈诚戴在了手上，赐给加持。接下来，慈诚师兄也将自己修行的体会等向堪布作了汇报。

晚饭后，堪布再次把大家叫到了自己的房间，虽然经过一整天的休整，不少人依然是头重脚轻。等大家坐好后，堪布开始对弟子们讲道："明天下午我们就要为大昭寺的觉卧佛像贴金供养。这尊佛像是释迦牟尼佛在世时，由佛陀亲自开光加持的。佛陀还授记说，将来朝拜这尊佛像与亲见佛陀没有任何区别。我们这次朝圣就从为觉卧佛像贴金供养开始。在贴金的时候你们一定要好好发愿。发愿时不要只想着为了自己这一世的快乐、健康、财富等，而要以殊胜的菩提心来摄持，发愿为了所有众生的解脱与成就而精进修持。藏族人有一个说法，在觉卧佛面前发愿，愿望就一定会实现。我们从那么远的地方来到这里，机会非常难得，大家一定不要错失这样的机会。我看你们有的人还有些高原反应，没关系，回去好好休息一下，明天肯定会好的。具体安排是这样，明天上午你们先去大昭寺转绕，下午2点在大昭寺门口等我。我们这次朝圣的时间不会很长，所以你们平时不要闲聊浪费时间，在房间的时间也要多多念经祈祷……"

这天下午，又有一批弟子赶到拉萨，加入了朝圣的队伍。其中几位从广西来的弟子还在拜见时向堪布供养了一些黄金。面对这几位虔诚的弟子，堪布思索再三，最后决定自己在拉萨再购买一些黄金，与这些黄金合在一起，制作一尊纯金的文殊菩萨像。得知堪布的这个心愿，多登马上帮忙联系到了拉萨最好的工匠，伴随着堪布朝圣的开始，这尊纯金的文殊菩萨像也开始制作了。

大昭寺

这天一早，不知道是因为马上就要拜见觉卧佛还是别的原因，几位高原反应非常严重的弟子都觉得自己好像换了一个人，头痛无力的症状一下消失得无影无踪，一个个神清气爽。人的身体有时也会影响到心情，现在身体已完全恢复的弟子们一大早就走出各自的房间，见面时一边问好，一边彼此开着玩笑，走廊里不时传出大家的笑声。待师兄们到齐，大家再次相约来到堪布的房间问安。但今天的景象与昨天完全不同：堪布的房门已经打开了，几位出家师父正静静地坐在外间的地板上，房间内静得没有一点声音。听到有人进来，堪布招呼大家进到里间。来到卧室，大家看到堪布正躺在床上，表情显得非常疲惫。“我现在感觉不太舒服，想再躺一会儿，但应该问题不大，你们不用担心。还是按昨天的安排，上午你们都去转绕大昭寺，下午我们一起为觉卧佛像贴金供养。”堪布对大家说道。弟子们一个个跪在堪布的床边，不敢多语，待堪布讲完，大家默默地退出了房间。

走出堪布的房间，好像所有人都明白了其中的原委，有几位弟子还忍不住流下了眼泪。

包括佛陀在内的很多祖师大德都在经论中宣说了转绕佛像、佛经和佛塔的功德，这也是修行人清净业障积累功德的方便法门，更是佛弟子重要的修行内容之一。

早年，圣城拉萨的建筑布局就是以市内几座大寺为中心，再逐渐向外发展的。而拉萨最著名的街道就是在大昭寺外面的八廓街，“八廓”意为“绕行”。在拉萨，信众至少有三条转绕圣迹的路线：在大昭寺内，有一条围绕寺庙供奉的世尊十二岁等身佛像所在主殿的路线，被称为“朗廓”；围绕整个大昭寺转绕的路线被称为“八廓”；还有一条是围绕整个圣城拉萨的路线，被称为“林廓”。即使是在今天，一年四季中在这三条路线上转绕供养的信众仍然络绎不绝。多少年来，这几条看似平常的街道，已被虔诚的信众当作自己修行与走向解脱的路。

弟子们来到八廓街，马上汇入了转绕的人流。在快转绕到大昭

大昭寺门口，虔诚的人们长年在此磕大头

寺的正门时，“唰唰唰”的声音吸引了大家。走近一看，所有人都被眼前的情景震撼了：几百位藏族信众正在大昭寺门前磕着大头，一张薄薄的垫子和两张硬纸片就是他们的全部“装备”。“唰唰唰”的声音就是他们在伏地顶礼时，手上的纸片与石板地面摩擦时发出的。在常人眼里，藏地的生活条件确实有些艰苦，但这个民族在精神上的富有与对信仰的追求会让很多与他们接触过的人都相形见绌。看到这里，不少弟子拿出照相机开始拍照。就在这时，在磕头的人当中，大家竟意外地发现了两位“老朋友”——多登的妻子和父亲。除了纸片与垫子这些“必备装备”以外，他们身边还多了一个暖瓶和装糌粑的布袋，看来他们中午是不打算回家了。看到昨天家中的客人，多登的父亲和他周围的几位藏族人马上招呼大家过去，并示意大家使用他们的垫子在这里磕头供养，积累功德。虽然民族不同，语言也不通，但此时大家的心肯定是相通的。弟子们也不见外，趁他们休息的时候，开始使用他们的“装备”在大昭寺前磕起了大头。

午饭后，按照堪布的安排，大家都早早来到了大昭寺的大殿前。刀登活佛、白玛多吉和拉夏喇嘛等也提前来到这里，他们每人都抱着一大包刚刚请来的哈达，一一分给大家，准备一会儿供养给觉卧佛像。几十位弟子手捧哈达等待堪布的到来。在这里转绕、磕头和供灯的藏族信众看到这个情景，马上明白今天会有人在这里为觉卧佛贴金供养，于是大家也开始向这里聚集，准备一起随喜参加这次贴金。

就在大家在大殿前忙碌时，希阿荣博堪布与多登已经提前来到大昭寺。在多登的引见下，堪布见到了大昭寺负责接待的僧人拉巴劳师父。拉巴劳师父看上去有30多岁，给人的第一印象是略显严肃。当明白堪布的来意，特别是得知堪布来自喇荣五明佛学院后，拉巴劳师父也表示了自己对学院和法王如意宝的信心，然后马上安排贴金事宜。在接下来一个多月的朝圣过程中，这位拉巴劳师父给了堪布和堪布带着的这支朝圣队伍很多的帮助。而在此后的几年间，他还依然与堪布保持着联系。

2 点钟左右，希阿荣博堪布来到了大昭寺的大殿前。这里的大多数信众并不认识堪布，但庄严的法相再加上与生俱来的那种气质，让堪布一出现就立即成了现场的焦点，大家纷纷上前向堪布顶礼供养，大昭寺的院内开始有些骚动。等候在门口的大昭寺的僧人立刻上前与堪布见面，一些僧人同时打开了大殿的正门。在为信众摩顶加持后，在拉巴劳师父的陪同下，堪布步入大殿，随行的弟子与信众也跟在堪布的身后走进佛殿，由于跟着进来的人很多，让原本比较宽敞的大殿此时竟稍显拥挤。

现在供养于大昭寺的释迦牟尼佛像，是佛陀住世时按照佛陀十二岁时的身像所造，关于这尊佛像以及佛像的制作过程在佛教史书中是这样记载的：佛像是由一位叫毗首羯磨的工匠用人天供养的诸多宝物比照释迦牟尼佛十二岁时的身量铸造而成，佛像完成时全身色如熟金，两手中一手结定印，一手压地印，相好庄严。谁若能亲见这尊佛像，即能解除三毒病苦，如能发起真实诚

大昭寺供奉的觉卧佛（释迦牟尼佛十二岁等身像）

信，就具足了见闻念触等功德，这尊佛像与真实佛陀没有差别。通过这些记载可以看出，朝拜觉卧佛像的加持与功德不可思议。

早在一千多年前，这尊佛像便由古印度被迎请到汉地的唐朝。后来藏王松赞干布在迎娶文成公主进藏时，这尊佛像就随着文成公主来到了圣城拉萨。

当年，佛像被安放在现在的小昭寺内供养。后为躲避战乱，佛像曾被信众藏于大昭寺的夹墙内。为确保佛像万无一失，聪明的信众还特意在夹墙上画上了一尊文殊佛像以“掩人耳目”。待战乱结束，要重新取出佛像时大家可犯了难，因为夹墙上已经画上了文殊佛像，破墙取出佛像的做法对于虔诚的佛弟子来说是不可想象的。在大家不知所措时，这尊画有文殊佛像的夹墙竟自动移开。人们取出佛像后，就将这尊佛像安放在了大昭寺供养，而那尊画在墙上的文殊菩萨佛像也让信众生起了信心，于是那尊文殊像也被人们妥善保存供养直到今天。

千余年来，为利益众生弘扬佛法，无数的高僧大德都曾来到这尊佛像前供养发愿，藏族人也有这样的说法：在觉卧佛像前发愿，只要愿力清净，就一定会实现。而佛像所在之处，也必定会教法兴盛。

在寺庙僧人的引领下，堪布一行来到了觉卧佛像前。见到心中久仰的圣像，堪布马上开始顶礼供养，身后集聚的几百名信众，看到堪布顶礼，也马上双手合十，跟着堪布在佛像前顶礼供养，并开始低声念诵祈祷的经文。顶礼毕，僧人们请堪布与随行弟子进入了专门供养觉卧佛像的殿堂，堪布登上觉卧佛像的基座，坐在了佛像的旁边，然后以头礼佛像的手，心中开始祈祷。现场安静下来。此时此刻，佛陀与堪布的距离是那样的近，如师徒、如父子……

不久，随着堪布的念经声起，弟子们也开始跟着堪布一起念经发愿。作为一名虔诚的佛弟子，大家此时的心境是任何语言都无法描述的。仰望佛像，跟着堪布念诵着经文，慢慢地，宿世的善根在殊胜的对境前被悄然唤醒，眼中的泪水像断了线的珠子，怎么也无法止住。在祈祷与发愿的诵经声中，大昭寺的几位僧人开始取下佛像身上的法衣，为觉卧佛像贴金供养。笔刷蘸着纯金金粉，供养本师释迦牟尼佛。

在大昭寺的大殿内，除供奉着世尊十二岁等身佛像外，还有观音菩萨的化身藏王松赞干布像，松赞干布示现圆寂前与文成公主、墀尊公主同时融入的那尊千手千眼观音菩萨像，法王如意宝的前世列绕朗巴大师掘取的一尊莲师佛像，几十年前由安多龙多克服种种违缘发心建立的一尊莲师佛像以及自然显现的度母佛像等，在为觉卧佛像贴金后，堪布又为这里的其他佛像一一贴金供养，贴金持续了两个多小时。

贴金即将结束时，堪布忽然把随行的汉族弟子叫到身边："你们现在一起念诵《普贤行愿品》，好好发愿。"于是几十位汉地弟子又回到觉卧佛前，围坐在一起，开始用汉文念诵《普贤行愿品》。刚才跟随堪布的一些藏族信众也围拢过来，从他们的眼神中也能看出，面前这些席地而坐、用汉语整齐划一地念诵经文的朝圣者，让他们也多少感到有些好奇。下午五六点钟，堪布拉萨朝圣开始后第一次在大昭寺的贴金圆满结束。

回到住处，大家发现堪布的房间外站着一位手拿布袋的出家人，看到堪布回来，出家人马上献上哈达，并将布袋供养给了堪布。

原来附近一座寺庙的住持在得知堪布来到拉萨后，让这位僧人给堪布拿来供养——藏族人招待最尊贵的客人时才会拿出来的食物。虽然与这位住持从未见过面，但堪布好像并没有太客气，为这位出家人摩顶加持后，接过了这份"特殊"的礼物。不知是巧合还是什么原因，在堪布此次朝圣过程中，时常会有一些素不相识的人带来各种各样的食物供养。

晚上弟子们再次来到堪布的房间。“今天我们为觉卧佛贴金非常圆满，我看到你们不少人在觉卧佛像前都哭了，在殊胜的对境前，因为信心流下眼泪，功德非常大。”在与堪布聊天的不经意间，弟子们又得到了堪布的鼓励。

就在大家都准备休息时，又出现了新情况：俄色师兄的家人从北京打来电话说他母亲病危，此时正在医院的急诊室观察，因为北京那边家人的电话快没电了，所以俄色没能问得太细。听到这样的消息，大家也都不免有些担心。“放心吧，上师一定会加持的！”为了安慰俄色，师兄们劝说道。

“这回可不一定，你应该准备为母亲超度。”听到大家的议论，堪布对俄色说道。声音虽然不大，但现场所有人都清楚地听到了，大家面面相觑一时不知说什么好。“是，到时候要好好为母亲超度啊。”也许是怕弟子没听清楚，堪布又重复了一遍刚才的话。

凌晨 3 点钟左右，俄色接到家人电话，母亲刚刚离世。一方面担心那边的电话没电，一方面更是见母心切，俄色顾不上挂电话，甚至连最起码的礼貌也忘记了，直接拿着电话闯进了堪布的房间。简单地了解情况后，堪布接过弟子手中的电话，让那边把电话放到刚刚离世的母亲的耳边，开始念经超度，而跪在堪布床前双手合十的俄色师兄心里又开始担心：家人的手机原本就快没电了，又经过了一宿，这个电话会不会中途断了呢？

堪布的念经持续了 20 多分钟。“感谢上师的恩德。”待念经结束，那边传来了家人清晰的声音。

接着，在俄色师兄的请求下，跟随堪布朝圣的几十位师兄发心在四十九天内为这位刚刚失去人身的老人念诵一遍《地藏菩萨本愿经》。凌晨 5 点钟左右，几位师兄一起送俄色赶往贡嘎机场。弟子们租住的房间内只剩下在房间内休息的慈诚师兄和刚刚皈依不久的小张师兄等人。

看着出租车消失在夜色中，大家的心情也不免有些低落。

布达拉宫

在大昭寺为觉卧佛像贴金供养后，堪布决定于第二天前往布达拉宫朝圣。巧合的是，这位宾馆老板现在与布达拉宫保持着良好的关系，得知堪布计划去布达拉宫朝圣后，老板主动联系了布达拉宫的工作人员，为堪布的此次朝圣做向导和讲解。

布达拉宫镇宫之宝——金顶圣观音殿中供奉的自然显现的旃檀观音像（中央的主尊）

布达拉宫位于拉萨市区的中心，始建于藏王松赞干布时期，经过几百年的不断建设，形成了今天的规模。整个建筑全部建在著名的拉萨红山之上，自上而下，俯视着整个雪域。从布达拉宫建立之日起，这座宫殿就成了藏族人民心中永远的圣地。远远望去，宫殿依山而立，群楼重叠、气贯苍穹，红白两色的宫墙与用黄金铺成的金顶更让布达拉宫显得无比庄严与尊贵——好一座人间帝释宫。

中午前后，堪布与弟子们先来到布达拉宫广场，在广场前合影留念。下午 2 点左右，大家来到了布达拉宫。这时这里的几位讲解人员早已在门口等候。在他们的引领下，弟子们跟着堪布走进了这座心中的圣殿。按照事先的安排，讲解人员没有带堪布一行沿着传统的旅游路线朝拜，而是最先来到了位于布达拉宫高处的一座经堂。经堂内的正中供奉着一尊极为特殊的观音菩萨圣像："这是在一整棵旃檀树上自然显现出的观音菩萨圣像，一直供奉在布达拉宫的这座佛殿内。这尊佛像不仅在西藏，就算在全世界都是非常稀有的。"

工作人员介绍完这尊千手千眼观音佛像，又走到经堂的两旁："在这边的玻璃佛龛内供奉有当年印度的龙树菩萨以神通在岩石上留下的脚印，莲花生大士在岩石上留下的脚印，这都是几百年前从印度迎请到西藏的。还有一个小小的脚印大家看一下。"大家顺着工作人员的手指看去，只见有一双长 5 厘米左右的小脚印。"这是前世嘉瓦仁波切儿时在一块岩石上留下的脚印。"工作人员介绍道。听着工作人员的介绍，大家已经意识到这里应该是布达拉宫最主要的经堂之一，待工作人员介绍完毕，堪布马上开始为这间佛殿的所有佛像贴金供养。贴金圆满后，工作人员还特意打开了供奉几位祖师足印的玻璃佛龛，将堪布供养的纯金金粉刷贴在这一双双极具加持之力的足印上。贴金后在热心工作人员的提议下，大家也走近佛像向一双双祖师的足印顶礼供养，不少弟子还拿出自己的念珠与随身的加持品，放到上面祈祷加持。毕竟这样的机会对大家来讲实在是太难得了，谁也不想轻易错过。

来到另一座佛殿内，佛龛里供奉着一尊佛塔和一部经函，佛塔和经函都被厚厚的哈达包裹着。"大家应该都听说过，在藏王拉脱脱日赞普时期，自天上落下了一座水晶佛塔和一部经函，这是佛法最初到达藏地的缘起。现在你们看到的就是当时自天上降下的佛塔与经函。”工作人员一边讲解一边用手向大家示意着。曾经是遥远传说中的圣物，如今就在眼前，堪布带头向圣物顶礼，并献上了哈达。随着工作人员的讲解，一件件弥足珍贵的佛门至宝一一呈现在大家的眼前，布达拉宫真的就是一座无尽的宝藏，她会让所有对佛法具足信心的人都真真切切地感受到一种从未有过的加持。“这几位是布达拉宫的出家人，他们在这里已经住了有四五十年了。”又转过一座佛殿，看到几位出家人，讲解人员向堪布介绍着。堪布双手合十，与面前的几位老人互相致意，弟子们也上前向他们献上了哈达和供养，向他们表达自己心中的敬意。看到我们这些晚辈，其中一位老僧人还微笑着拿出一些干果分给了大家。

堪布在布达拉宫的朝圣圆满结束。

“不知道为什么，我现在怎么这么想哭呢？”刚刚走出布达拉宫，望着堪布的背影，小张师兄对身边的师兄讲道。

“那你就哭吧。”一位师兄说道。

来到布达拉宫广场，已近傍晚，堪布开始和弟子们在广场前合影。谁也不知道是什么因缘在此时忽然显现，小张师兄一下子跑到堪布的面前，就像一个在外漂泊了多年受尽各种委屈的孩子一下见到慈母一样，跪倒在地，完全失控般号啕大哭。这突如其来的一幕让大家怔住了，堪布马上示意几位女弟子把小张师兄扶起来。“今天凌晨，俄色师兄的母亲去世，慈诚师兄身体又不好，房间里只剩下我一个人，当时心里真有点害怕，想睡觉，但恐惧让我怎么也睡不着。虽然我皈依时间不久，但听说遇到违缘时最好能向自己的上师祈祷，我就开始祈祷。不一会儿，就觉得上师以一尊水晶佛像的形象出现在空中，发出白色的光，那一瞬间我心中的恐惧完全消失了。今天又跟着上师朝拜布达拉宫，刚才看着上师的背影，怎么也控制不住自己的情绪。”返回的路上，小张师兄和大家说出了事情的原委。听着她的讲述，所有人都增上了对上师希阿荣博堪布的信心。

回到住处，堪布又与一位僧人不期而遇：原来就在不久前，希阿荣博堪布的上师，曾将他举荐给法王如意宝的贝玛才旺仁波切，仁波切示现圆寂后，按照其意愿，老人家的荼毗大典将在青朴山举行。现在仁波切的法体就安放在桑耶寺内。这位僧人正是专程来这里料理此事的。得知此事，堪布决定调整此次朝圣的行程，先前往桑耶寺青朴山朝圣，同时也为这位对自己恩重如山的上师送行。

桑耶寺

在雪域西藏，虽然自藏王松赞干布时期就开始兴建寺庙弘扬佛法，但佛法真正在雪域广弘，应该是在藏王赤松德赞时期。当年藏王赤松德赞为弘扬佛法，将莲花生大士与静命论师、布玛莫扎等圣者迎请至西藏，而莲师进藏最初修建的寺庙就是距拉萨几百千米的桑耶寺。桑耶寺的所在地也正是藏王赤松德赞的出生地附近。

这天一早，两辆中巴静静地停在了堪布驻锡的宾馆门前。匆匆吃过早餐，中巴载着师徒一行，向桑耶寺驶去。车子驶出拉萨市区不久，高原特有的风貌就开始慢慢地呈现在大家的眼前：一片片几近干枯的荒草在裸露的岩石间顽强地生长，静静流过的江水好像在无声地讲述着这片高原古老的历史，而蓝天白云与皑皑雪山，更是人们心中永远的向往。虽然此次是跟随堪布前去朝圣，但遇到这样的景色大家肯定不会轻易放过，路上休息时，弟子们纷纷拿出相机下车拍照。几个小时的车程很快过去，下午时分，堪布一行来到了桑耶寺。

今天，寺内没有游人。

寺庙的僧人开始向堪布一行介绍桑耶寺的历史。在寺庙的大殿内，一尊殊胜的莲花生大士的佛像被供奉在正中。

在向这尊莲师佛像顶礼供养后，堪布取出金粉，为这尊佛像贴金供养。贴金圆满后，堪布一行来到了桑耶寺的二楼。得知堪布是来自五明佛学院后，桑耶寺的僧人还特意将堪布引向了二楼的一侧："法王如意宝当年来桑耶寺朝圣时，就是站在这个地方唱出了一首道歌。"听到僧人的介绍，堪布站在原地双手合十，念经祈祷，然后回过头用汉语向随行弟子作了介绍："就是在这里，当年法王如意宝来此朝圣时说现在桑耶寺的格局与以前相比有了一些变化，他老人家还清晰地忆起了当年莲师所在的位置，赤松德赞王坐在莲师的身边，二十五大弟子依次坐在旁边。想到莲师已经返回邬金刹土，法王如意宝不禁潸然泪下，唱出了一首道歌。在那首道歌里，法王如意宝发下了弘法利生的誓愿。我们来到这里，一定要好好祈祷莲师、祈祷法王。无论什么时候，我们都不能忘记法王如意宝的恩德啊！"在桑耶寺的二楼，弟子们又一次感受到堪布心中对法王如意宝深深的情感，偌大的经堂此时也显得异常安静。

不知是不是与今天在桑耶寺的朝圣有关，时至2008年，希阿荣博堪布在患病治疗期间，又一次忆念起法王如意宝，而当时法王离开我们也已经整整四年了。情至深处，希阿荣博堪布写下了一篇随感——《回忆上师》，文中堪布将法王当年在桑耶寺唱出的那首道歌的大意译出："美丽的邬金刹土，空行环绕的坛城中央，端坐着我的上师，我生生世世心之所向。此刻铜色吉祥山上有福的众生，正听您唱美妙的解脱之歌啊，无福的我却只能留在这末法世界，独自悲

桑耶寺供奉的“如我一般”能言莲师像，传说因莲师曾言“此像很像我”而得名。当年法王如意宝正是在这尊莲师像前唱出道歌

伤。当年就在这桑耶寺的二楼，您开金口传授通向解脱的法门。您的弟子降魔金刚何等英武荣光，全不似我这风烛残年的狼狈模样。慈悲的莲师啊，您必不忍心舍弃我吧，没有您我还有谁可指望？现在的桑耶已换了格局，而我依然记得您当时法座的位置。在这曾留下您笑容的地方，我的回忆充满忧伤。齐聚于此的君臣弟子，及如繁星的持明大众，唯有智慧佛母和我降魔金刚，最在您的心尖上。唉！谁曾想我会沦落至此，求您眷顾莫离莫弃，我这无福无能的儿郎。众生无边誓愿度，是我曾在您面前许下的诺言。再苦再难我也不会退缩，请您原谅我刚才的抱怨。从今往后，我将披上文殊勇士的铠甲，弘法利生，圆满莲师您的心愿。有缘众生皆往您的刹土，共受莲师不共法门的无上甘露。求您加持我奋勇向前。”

读着这自圣者心中涌出的道歌，相信所有人都会被圣者们心底那份情感感动、温暖着……

待堪布刚刚走出桑耶寺的二楼，又一特殊的因缘显现：桑耶寺的僧人特意将寺庙珍藏的一尊几百年前由大圆满龙钦宁提派传承祖师晋美林巴尊者按照自己的形象制作并亲自开光加持的佛像请出。在奏响的法号梵呗声中，一位僧人双手捧出了这尊极具加持力的佛像。

“当年晋美林巴尊者在桑耶寺修行多年，在他准备离开桑耶寺时，按照自己的形象做了这尊佛像，尊者当时讲道：这次离开桑耶寺后不一定能再回来，但这尊佛像与我本人没有任何区别。从那时起佛像就珍藏在桑耶寺直到现在。”寺庙的僧人向堪布介绍道。在佛像前顶礼供养后，堪布又一次取出随身携带的纯金金粉，并亲自为这尊佛像全身贴金供养，在不断响起的法号声中，堪布将调制好的金粉贴在佛像身上，供养给了这位对末世众生具无量恩德的大圆满祖师。贴金圆满后，堪布整理了一下自己的披单，对身边人讲道：“我自幼对龙钦巴父子（即全知法王龙钦巴尊者和晋美林巴尊者）就有着强烈的信心，每每祈祷都会感到信心的力量很大。今天能有因缘为这尊佛像贴金供养，应该也是信心所至吧。”桑耶寺的僧人也不由得感叹今天因缘的殊胜：“这尊佛像自当年制作完成至今已有几百年，今天您是第一次为这尊佛像贴金供养，因缘真是太殊胜了！”

走出佛殿，堪布将随行弟子叫到身边：“刚才桑耶寺的僧人讲，因为晚上这里会更清净，所以今天晚上寺庙会将这里珍藏的法宝请出来，让我们瞻礼供养。现在还有些时间，大家可以在这里转绕，但不要走远。”

在嘱咐完弟子们后，堪布又来到了桑耶寺供奉贝玛才旺仁波切法体的房屋内。房间不大，仁波切的法体就供奉在屋内安放的法座之上，身着法衣，头戴五佛冠。与生前相比，现在法体已经缩小了很多，根据大圆满续部的教言，这样的显现，表明仁波切已经获得了殊胜的成就。在法座四周，满是前来拜见的信众供养的哈达。

希阿荣博堪布与贝玛才旺仁波切的因缘非比寻常。当年堪布在熙日森佛学院求学时，就曾在这位慈祥的老人座下听法。后来仁波切经过观察，将自己座下这位心爱的弟子举荐给了法王如意宝。十几年的时光很快就过去了，不久前，希阿荣博堪布在成都拜见法王时，恰巧仁波切刚刚从法王处离开："刚才贝玛才旺仁波切来过，他看上去身体很不好，可能会很快离开这个世间。他也是你的上师，你去拜见一下，好好祈祷发愿。"法王如意宝讲道。从法王住处出来，堪布直接来到了仁波切住处，在拜见仁波切时，为祈祷老人家长久住世，希阿荣博堪布发愿立即放生 100 万条生命。当时仁波切好像并没有太注意自己的身体状况，而是将自己这位弟子揽在了身边，动情地将自己的额头与这位弟子的额头贴在一起，轻声吟唱出了佛陀证道歌，离别时仁波切将一幅绘有佛陀度化众生的图片赐给了这位弟子，这张图片一直被堪布珍藏着，直到今天。

不久前在成都拜见仁波切的那一幕依然历历在目，众多信众为祈祷仁波切长久住世发愿放生供灯等，但遗憾的是，这一次众生的福报没能将圣者挽留，不久后，仁波切示现圆寂。

来到仁波切的法体前，堪布祈祷供养后，对身边的弟子们讲道："贝玛才旺仁波切是一位非常了不起的大成就者，你们来朝拜供养，一定要好好发愿。"听到上师的教言，随行弟子们纷纷向仁波切的法体献上了哈达和供养。也许是仁波切赐予的加持，在仁波切法体前顶礼后，不少弟子身心都得到了一种前所未有的感受，有的还不禁流下了眼泪。

按照事先的安排，天黑后，堪布与随行弟子又一次走进了桑耶寺，此时寺庙的僧人已将这里的镇寺之宝请出："这是莲花生大士在

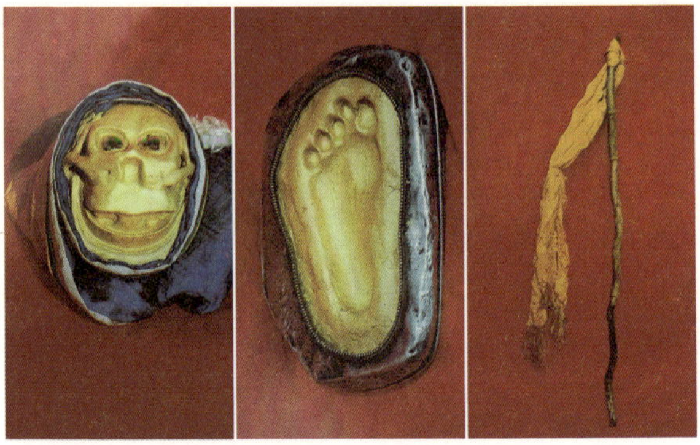

桑耶寺珍藏的静命论师的托巴、莲师途经贡塘山口在石头上留下的足印、莲师在堆龙雄巴敲取圣泉水所用的手杖

岩石上留下的脚印，这是静命论师的托巴，这是赤松德赞王戴过的嘎乌盒，至今这里面还装藏有莲师的头发……”随着僧人的介绍，一件件佛门至宝一一呈现在了大家的眼前。几位最初将佛法尤其是无上密法引入雪域西藏的祖师不仅仅对藏地众生，就是对整个南赡部洲众生的恩德都让人无法估量。堪布从寺内僧人的手中接过这些至宝，一一放在弟子们的头顶加持，大家也都拿出自己平时用的念珠和随身的加持品，放在这些宝物下，祈请祖师赐予加持，这是怎样的因缘与福报啊！走出桑耶寺，虽然已是深夜，但所有人都沉浸在一种久违的欢喜当中，久久不能入睡。

青朴神山

今天堪布一行将前往距桑耶寺几千米的青朴山朝圣。虽然昨天很晚才休息，但弟子们起床后发现，堪布早已起床。“今天我们要去青朴朝圣，在凌晨 4 点钟的时候，我梦到了莲师前来传法。”与弟子们见面后，堪布说。做梦还能清楚地知道是在几点，太不可思议了。整个早餐的过程中，这个奇怪的问题一直在大家的脑子里打转，只是谁也没有答案，更没人敢向堪布询问“答案”。早餐过后，大家登上了去青朴的大卡车。

当年，为了弘扬佛法，藏王赤松德赞从印度迎请了莲花生大士与静命论师等高僧大德进入雪域，而莲师也在建立桑耶寺后，来到青朴山带领有缘弟子修行，这其中就有后来著名的莲师二十五大弟子，而大恩上师法王如意宝的前世降魔金刚就在其中。莲花生大士当年闭关修行的山洞就在青朴山的高处。在莲师为利益后世众生所做的诸多授记中，青朴在未来是最重要的修行地之一。自莲师以后，无垢光尊者、晋美林巴尊者等圣者都来过此地朝圣修行，大恩上师法王如意宝当年来这里朝圣时，也曾到过青朴，并示现在一块坚硬的岩石上留下了清晰的脚印。所以在藏传佛教尤其是宁玛派教法史上，桑耶寺与青朴山有着极其重要的地位。

经过一个多小时的颠簸，汽车来到了青朴山下。

公路到此为止，大家下车准备步行上山，跟随着堪布一步步走向心中的圣地。不知道是不是与堪布凌晨的梦境有关，青朴在昨天夜间降了一场大雪，此时天上还时不时飘下些许雪花，雪花无声飘落，让圣地更显得宁静而神秘。从山下向上望去，山顶已被浓浓的云雾笼罩，在云雾之间，一间间闭关房若隐若现。

开始上山了。

青朴山的海拔超过 4300 米，在这样的环境下登山对于这些在汉地生活的弟子来说确实有些艰苦，更何况队伍中还有几位年逾花甲的老人。不要说别人，他们自己对登上青朴山都没有信心。“你们不要怕辛苦，一定要坚持，如果真的在圣地往生了，那可是一件非常

青朴神山的扎玛格仓莲师闭关洞

吉祥的事啊！”堪布此时的一句玩笑，让几位老人下定了登上山顶的决心。说来也怪，尽管山高路滑，但自始至终没有一位弟子掉队。大家一边在沿途朝拜圣者们当年闭关的山洞，一边向上走，在晋美林巴尊者曾经闭关三年三月三天、亲见全知法王龙钦巴尊者的山洞内，堪布带领弟子们作了长时间的念经祈祷。

“嗡班杂儿萨埵吽”——爬山的过程中，成利卓玛师兄情不自禁地唱颂起金刚萨埵心咒，优美的音调在圣地回响着，所有人的心里都充满了法喜。

几个小时后，大家终于来到了莲师曾经闭关的山洞前。在这座山洞附近的一些山洞内，仍有不少出家人正在这里闭关修行。看到这一行朝圣的信众，有几位出家人出来迎接。走进莲师山洞后，一位在这里闭关修行多年的僧人开始为大家介绍。

“这就是当年莲花生大士曾经闭关修行的山洞，对于这座山洞，莲师曾经授记：凡有缘进入这座山洞的人，可以清净千世的业障，来世不会堕入地狱。在这座山洞内，现在仍然可以看到自然显现的莲师八大法行的坛城。”僧人介绍后，堪布又用汉语为弟子们作了翻译。听着堪布的话，在场所有人都意识到今天的自己是何等的幸运，刚才爬山时所付出的艰辛对于自己的今生来世又有着怎样的意义。大家都对莲师生起了强烈的信心，对上师更是生起了无尽的感恩之心。

几位“贪心”的弟子旋即走出洞，再进来，反复多次，不用问，听到僧人的介绍，他们肯定是希望自己的业障赶快清净。

在山洞内稍做停留，堪布来到洞口，片刻又返回山洞内，说道：“大家来到圣地，一定要发清净心，如果清净的话，可能会看到这里就是莲师的坛城。今天我们在这里做莲师会供。”听到堪布的话，随行的出家师父们马上开始准备。不一会儿，会供品已经满满地摆在了山洞前的一张供桌上。堪布开始轻轻地摇动手中的金刚铃，跟着铃声的节奏，大家一起念诵会供的仪轨。

悠扬的诵经声在古老而极具加持力的山洞内回响着，坐在山洞前的弟子们一个个双手合十，心中默默地向莲师祈祷。会供进行了近两个小时。

会供结束，堪布又来到附近的一座山洞朝圣，这是大圆满祖师、大译师贝若扎那尊者闭关十三年的山洞。在青朴山上，错落着许许多多的山洞，如今这里几乎每个山洞里都有修行人在闭关修行。这些修行人当中，在山洞里闭关十几年甚至几十年的不在少数。在与几位修行人交谈时，堪布特意联系了这里负责大家生活的僧人，献上了自己的供养。随后堪布深情地对同行的弟子们讲道：“我到目前为止，从来没有向信众化过缘，也没有替其他人化缘，但今天在这里，我真心希望你们能以清净的发心，好好地供养这里的出家人，他们是真正舍去今世一切享受的修行者，我们来到这里，一定要好好地与他们结缘啊！”听到堪布的话，弟子们纷纷跟着堪布一起献上供养。在返回的途中，堪布又来到全知法王无垢光尊者的舍利塔前朝拜，在无垢光尊者的舍利塔前，堪布与弟子们长时间念经祈祷。

青朴山朝圣圆满结束后，再次登上卡车，不少弟子开始掸拭身上的尘土。“身上的尘土很容易掸干净，但心里的尘土要想掸干净，可就没那么容易了。”堪布一句意味深长的话又让大家陷入了沉思。

这晚，堪布一行住在了山南市。

昌珠寺

这天一早，堪布一行驱车来到位于山南市的昌珠寺。

昌珠寺，是藏王松赞干布最初修建的寺庙之一。据说当年寺庙的规模并不大，后经历代藏王扩建才形成了今天的规模。在昌珠寺的周围，至今仍然保留着莲花生大士、米拉日巴尊者等大成就者修行的圣迹。在昌珠寺内，供奉着一尊极具加持力的莲师佛像。这尊莲师像是当年莲师圆满了在雪域的弘法事业，前往邬金刹土前，为利益后世的众生，亲自开光加持的，并授记道：未来众生见到这尊佛像时将与亲见我无别，因此这尊佛像也就被后人称作“如我一般”莲师像了。佛像最初被供奉在莲师曾经加持的圣地雅砻，后来才被迎请到昌珠寺。近年，这尊莲师像的照片多次被翻印与信众结缘，相信有不少人都对这尊佛像记忆犹新。

走进昌珠寺，这里的僧人特意为堪布打开了供有“如我一般”莲

昌珠寺供奉的“如我一般”莲师像（左）和镇寺之宝——用珍珠和宝石串成线条绘制的唐卡《观音憩息图》

师像的佛龛。佛像1米多高，但其不可思议的加持力能够让伫立在佛像前的人心中真真正正地感觉到面前的这尊佛像与莲师无别。在佛像前，堪布凝视良久，然后双手合十，诵经祈祷。

在昌珠寺内，还珍藏着另外几件佛门珍宝——完成于五百多年前的一幅用珍珠与宝石制作的度母唐卡与相传是文成公主亲手绘制的释迦牟尼佛的唐卡。两幅唐卡也被供奉在寺庙经堂，这样的佛门珍宝，僧人们平时是不肯轻易示人的。在僧人的引领下，堪布来到供奉这两幅唐卡的佛殿内，顶礼祈祷并供养了哈达。

因为今天还要赶路，堪布在昌珠寺未能久留，在对陪同的僧人表示感谢后，大家又重新上路了。

藏王墓

下午，堪布一行抵达藏王墓朝拜。与当年的盛景相比，如今的藏王墓四周一片荒芜，人迹罕至。堪布一行抵达不久，不知从哪里跑来了一群孩子，孩子们见到堪布后不约而同地顶礼供养。随后一位出家人出现在大家的视线里，简单地攀谈后，这位出家人告诉堪布这里有一户人家是晋美林巴尊者的后裔，跟着这位僧人，堪布一行来到了这户人家的门前。与周围的住户相比，这户人家的房子显得有些破旧，在僧人的帮助下，堪布见到了这家的主人——一位有些倔强的男子。知道大家的来意后，男子从屋内拿出了一个 1 米多见方的木榻："因为晋美林巴尊者一生睡不倒单，这个小小的床榻就是他休息的地方。"听到男子的介绍，堪布马上在床榻前顶礼供养，献上了哈达。接着，这个人又拿出了一顶古老的法帽说道："这是尊者当年戴过的法帽。"堪布接过这顶法帽，仔细端详起来。这时一位弟子马上想出资购下这顶极具加持力的圣物以供养上师。知道了弟子的想法后，堪布立即阻止道："法宝在哪里都一样利益众生。"就在这时，殊胜的因缘又一次出现了：男子从这只法帽上撕下一小块布，结缘给了堪布。

才让迥：晋美林巴尊者修行的地方

离开藏王墓，堪布一行又来到距此不远的才让迥朝圣。当年晋美林巴尊者在离开桑耶寺、青朴山后，来到才让迴建立了闭关中心广度众生，最后尊者在此示现圆寂，圆满了自己一生的弘法事业。在尊者示现圆寂的当天，“一股浓郁香甜的芬芳弥漫着，天空晴朗无云，微风不兴，但从蔚蓝的天空中持续飘下雨丝。”就在这天的初夜时分，大圆满一代祖师晋美林巴尊者示现圆寂。在才让迴闭关中心，供奉着晋美林巴尊者的肉身佛塔，只可惜佛塔后来被毁。近年信众又将此塔重新修建。在尊者的肉身佛塔前，堪布又一次双手合十，念经祈祷。也许是堪布对这位祖师的不共信心与殊胜因缘，短短的几天里，希阿荣博堪布朝拜了与尊者有关的诸多圣迹：从尊者在闭关时亲见龙钦巴法王的山洞，到在桑耶寺为尊者佛像贴金供养，最后又来到才让迴，得到尊者的法宝并朝拜了尊者肉身佛塔。“这一定是信心的力量。”直至今日，每当忆起此事时堪布都会发出这样的感慨。

在才让迴，还有一泓由晋美林巴尊者开取的伏藏泉水。“这泓泉水无论怎么取也不会少，无论如何下雨也不会多。”来到圣泉边，听着当地人的介绍，大家也都感到眼前这泓伏藏泉水不可思议。接着，堪布亲自盛起一碗清澈的泉水倒在一位弟子的头顶上，此时藏地还有些寒冷，但大家依然争相把头凑上前，祈请加持。随后堪布又将泉水一一分到了弟子们的手上，喝下祖师掘取的圣水，虔诚的佛子们心里无比温暖。

结束了才让迴的朝圣，堪布在回拉萨的路上，又来到了另一处圣迹雍布拉康朝拜。在藏族人的心里，几乎所有的藏王都被视为佛菩萨的化身，而西藏历史上的第一座宫殿雍布拉康，就是由第一位藏王聂赤赞普所建。“宫殿莫早于雍布拉康，藏王莫早于聂赤赞普”——这是藏族流传了很久的一句谚语。

“这是第一代藏王修建的第一座宫殿，来到这里，你们一定要好好发愿。”在雍布拉康山下，刚刚走下车的堪布向弟子们作着介绍，然后就在车旁向着圣殿顶礼供养。

重返拉萨朝礼小昭寺

虽然只有短短的几天，但重新返回拉萨后，我们又再次感受到了都市特有的喧嚣，这与几天前青朴山、桑耶寺等地的寂静形成了很大的反差，也让人产生了一种恍若隔世的感觉。

回到拉萨后，堪布顾不上休息，决定第二天就前往位于拉萨市内的小昭寺，为供奉在那里的释迦牟尼佛八岁等身佛像贴金供养。

小昭寺供奉的释迦牟尼佛八岁等身像

拉萨小昭寺内的释迦牟尼佛像，是当年比照世尊八岁时的身像制作而成的，与现在被供养在大昭寺内的觉卧佛像一样，也是由佛陀亲自开光加持，并且同是在松赞干布时期由尼泊尔的墀尊公主带到西藏的。

佛像最初被安放在大昭寺内供奉，后因种种变迁，最终被安放在了小昭寺内。不过令人痛心的是，这尊曾经利益了无量人天众生、极具加持力的佛像在历经了千年的岁月之后，最终在一场浩劫中毁于一旦。这不能不让人感慨末法时期众生福报的浅薄与共业的不可思议。近年，历尽艰辛几经周折，这尊被毁坏的佛像终于被找回并重新修复、装藏、开光。

小昭寺内无论是信众还是游客都比大昭寺少了很多，如此场景又不由得让人想起了这尊佛像曾经经历的那场浩劫。经与寺庙联系，堪布一行来到了佛像前，开始为这尊释迦牟尼佛像贴金供养。在几十位佛子的祈祷诵经声中，贴金圆满结束。临行前，僧人们为每一位来小昭寺朝圣的弟子献上了一条吉祥的哈达。

走出小昭寺，已是夕阳西下，这时一缕温暖的阳光透过寺庙金顶上的法轮洒在了堪布与弟子们的身上。“我们一起照张相吧。”在堪布的提议下，弟子们站成两排，在小昭寺前留下了一张合影。

色拉寺

雪域圣城拉萨，四面的山峦清晰地显现八瑞相的形状。其中后山中间突起处形似胜幢。在山的附近，至今还可以看到宗喀巴大师曾长期闭关修行的岩洞，这里也是克珠杰大师当年初次拜见宗大师的地方。

大约在五百多年前，代表宗大师远赴汉地为明朝永乐皇帝传法归来的释迦益西尊者应宗大师的法旨，在这里修建了一座寺庙——色拉大乘洲，即色拉寺。色拉寺同哲蚌寺和甘丹寺一起被称为“拉萨三大寺”。几百年来有着无比辉煌历史的“三大寺”僧才辈出，为佛法特别是格鲁派的教法在雪域的弘扬发挥了至关重要的作用。

今天堪布将赴色拉寺朝圣。

走进寺庙，这里的游人并不多，寂静让这座古老的寺庙显得有些空旷，但一座座庄严的佛殿，还是能让人感到色拉寺曾经的辉煌。堪布在寺内没有过多停留，而是径直来到供奉着一尊“马头金刚佛像”的大殿前。“马头金刚”是观音菩萨忿怒相的显现，藏族信众相信雪域西藏是观音菩萨度化众生的道场，再加上这尊佛像来自印度，所以每天来这里的朝圣者非常多。大殿外，朝圣者排成了一条长长的队伍，等着朝拜这尊色拉寺的镇寺之宝。来到殿外，堪布与弟子们按照顺序站到了队伍的后面。不久，色拉寺的一位僧人就发现在今天的队伍里好像有一位特殊的朝圣者，虽然此前从未与堪布见过面，但他还是来到堪布面前，直接将堪布请到了“马头金刚”佛像的面前。来到这尊佛像前，堪布开始顶礼供养，念经祈祷。

色拉寺供奉的镇寺之宝马头明王

从色拉寺出来，堪布又带领弟子们来到了拉萨的另一处圣迹——位于色拉寺不远处的天葬台。天葬台伫立在一个已经干涸的河床边，从下仰望，这块十几米见方的巨石的形状如同一艘大船。相传，这个天葬台是当年莲师为利益雪域的众生，用神通运到西藏的，莲师还在天葬台下安放了利益亡者解脱的殊胜坛城。现在天葬台上还能清楚地看到多年来因天葬而留下的一个个碗大的石坑。古老的天葬台与旁边河床上被河水冲刷过的一块块鹅卵石，好像在静静地讲述着人生的无常与我们现在修学佛法的意义。

走上天葬台，堪布带头找来了一把剪刀，剪下了自己的指甲，放到了天葬台上。看到这里，大家好像一下明白了上师的“密意”，一个接着一个用剪刀剪下自己的头发、指甲等，放在了这个极具加持力的天葬台上。祈愿以圣地的加持力，能为自己将来的往生遣除障碍。

转绕药王山

这天一早，刚刚送走返回家乡的弟子，又有更多的弟子从各地赶到拉萨，加入了堪布的朝圣队伍。刚来的这些弟子到达拉萨后，得到的第一件“礼物”就是一张照片：照片是前不久堪布在小昭寺为释迦牟尼佛八岁等身像贴金供养后，在寺前与弟子们的合影。照片中，一道阳光自上而下，正好通过堪布胸前，顺着堪布披单的方向神奇地出现了一道绚丽的彩虹。看着手上的照片，这些刚到拉萨的弟子都因未能参加堪布当时的朝圣感到遗憾，更对接下来的朝圣充满期待。

下午，考虑到不少弟子是刚到高原，为了能让大家有个适应的过程，堪布决定今天与弟子们一起转绕布达拉宫对面的药王山。

坐落在拉萨城区内的药王山其实并不高，但却是西藏最著名的山之一，山上经旗飘舞，自然显现的佛像和祖师大德们留下的圣迹比比皆是。在转绕药王山的路上，几位藏族石匠正在专注地雕刻着玛尼石，在他们身后，2 米多高的玛尼石已经码放了有几百平方米。见此情景，堪布停下脚步，招呼弟子们过来，转绕这座玛尼堆。转绕玛尼堆后，弟子们与这几位工匠聊起天来。看着这些远道而来的朝圣者虔诚的样子，工匠们一个个露出朴实的微笑，停下手里的活，还拿出几块雕刻好的玛尼石和佛像与朝圣者结缘。收好这些意外而珍贵的礼物，听着再次响起的锤凿相击的“当当”声，弟子们又继续转绕。

来到药王山，有一个圣迹是一定要去朝拜的，就是一尊正在逐渐显现的释迦牟尼佛像。说起这尊佛像，其来历非比寻常：据说在末法时期佛法即将隐没的时候，众生再没有福报拜见被供养在大昭寺内的释迦牟尼佛十二岁等身像，到那时，佛像会自行沉入水中。但慈悲心实在无法让佛陀就此舍离众生，于是在药王山的一座洞窟内，一尊释迦牟尼佛像开始缓慢地显现，以利益未来的众生。一般认为这尊洞窟内的佛像完全显现的时候，也正是佛法将要隐没之时。近年，据一位多年前离开拉萨的僧人写的回忆录记载，在他当年离开拉萨时还曾在石窟内朝拜过这尊佛像，当时佛像只是一个半立体的浮雕，而在他几十年后返回拉萨再次朝拜这尊佛像时，却惊奇地发现佛像的确较周围墙面突出了很多，双耳变得暴露于石壁外而清楚可见。看到僧人这样的记录，又有谁的心不会被深深地触动呢？

转山的几位弟子向正在这里供灯顶礼的几位藏族信众询问后，来到了一座洞窟前。洞口不大，门已经上了锁，这尊佛像就在洞内最里边的一个角上，几盏酥油灯被供养在佛像的前面。从外面看，山洞的顶端，一棵大树从岩石中自然长出，这几位藏族信众一边比画一边用不流利的汉语告诉大家，这棵从岩石中长出来的树就是这尊佛的“头发”。听到这里，大家对眼前这棵大树顿时肃然起敬。

与前几天相比，今天的朝圣应该是比较轻松的，但从药王山回到住处，听到那尊佛像的故事后，不少弟子的心情还是有些复杂。

重回小昭寺

今天是回到拉萨的第二天，刚来拉萨的弟子们经过休整，已经基本适应了高原的环境。这里面就有彭措拉姆师兄。彭措拉姆师兄此时赶来拉萨跟随堪布朝圣，还有一段“特别因缘”：拉姆师兄的丈夫雄秋扎西师兄在跟随堪布赴桑耶、青朴朝圣返回家中后，曾对拉姆师兄说了一段意味深长的话：“我们结婚这么多年，我从来没有要求你做什么，但这次跟随上师朝圣的感受实在太不可思议了，对我的加持很大。所以我希望你无论工作多忙，都一定要去拉萨跟随上师朝圣，哪怕只有几天的时间，只有亲身感受以后，你才会知道不虚此行。”到达拉萨后，拉姆师兄和大家讲了此事。跟随堪布一路朝圣的师兄们也适时地将自己的见闻说出来与大家分享，以“证明”扎西师兄所言不虚。

简单的休整已经结束，按照安排，堪布今天决定到小昭寺朝圣，再次为世尊八岁等身佛像贴金供养。也许是因为几天前在小昭寺前的合影出现了彩虹的原因，刚来的不少弟子对小昭寺的朝圣充满期待。一些性急的弟子更是早早来到小昭寺，边等堪布边顶礼转绕。

下午，堪布来到了小昭寺。因为这是第二次来这里朝圣，僧人们与堪布都已经很熟悉。简单的寒暄后，几位僧人引领堪布和弟子们来到寺庙的经堂，开始为不动佛像贴金供养。贴金开始后，堪布也带着弟子们念经祈祷。仰望庄严的佛像，拉姆师兄和几位刚到的弟子怎么都无法控制眼中的泪水，“当时真不知道是怎么回事，泪水就是止不住，从来没有过那样的感受。”时至今日，拉姆师兄对当时的情景仍然记忆犹新。此次朝圣后，彭措拉姆师兄对上师和密法真正生起了信心，修行也比以前精进许多。其实在跟随堪布朝圣的弟子中，像拉姆师兄这样的弟子不在少数。而此次朝圣俨然成了大家修行路上的一座“加油站”。

贴金圆满后，弟子们开始跟着堪布一起念经发愿回向。经小昭寺的师父同意，堪布取出事先准备好的崭新的全套法衣供养不动佛像。僧人们仔细地一件件整理好法衣，然后依次披到佛像上，在为佛像披上新法衣后，小昭寺的僧人将换下的披在不动佛像上多年的全套法衣结缘给了堪布。这套法衣可以说是佛门当中的无上法宝，没有殊胜因缘与清净的发心很难得到，这也许是一个非常吉祥的缘起。

重返布达拉宫

结束了小昭寺的朝圣后，堪布决定再次前往布达拉宫和大昭寺朝圣。与上次一样，布达拉宫仍然安排了一位在这里工作多年的人员陪同堪布。堪布走进布达拉宫，来到供奉着那尊千手千眼观世音菩萨的佛殿，再次为这尊极具加持力的佛像贴金供养。藏地被视为观音菩萨度化众生的庄严道场，藏民族与观音菩萨的因缘更是不可思议，历代藏王也几乎都被藏族人视为观音菩萨的化身，而藏族民间传说也认为藏民族就是观音菩萨化现的猿猴与罗刹女的后代。在藏

布达拉宫法王洞局部，中为法王松赞干布

族人的心底里，早已经将自己当作观音菩萨的后代子民了。

因为布达拉宫是依山而建的，所以有不少房屋其实就像一个山洞。其中一个最著名的山洞就是藏王松赞干布与文成公主和墀尊公主生活修行的山洞——法王洞，洞内至今还完好地保持着当年的情景，甚至他们生活用的炉灶也一应俱全。

走过法王洞，陪同堪布的工作人员特意领着这支朝圣队伍来到几间特殊的佛殿，这些佛殿一般不会对外开放，据这位工作人员介绍，现在殿内各种物件的摆放与当年没有任何差别。在这几座殿内，堪布依次在一尊尊佛像和一个个法座上献上了哈达等供养。从这几间佛殿出来，走过一条长长的过道，过道的墙上绘满了各种各样的壁画。“这幅壁画大约是在三百多年前画的，上面画的是西藏比较大的寺庙，大家可以看到寺庙旁边有一些藏文，记录的是这些寺庙的主要建筑、经堂的规模等内容。近年，一些寺庙在恢复时，他们还会来到这里，按照壁画上的内容修建。”工作人员一边走一边向大家介绍着，看来今天的这位“导游”确实对布达拉宫了如指掌。穿过这条走廊，就是布达拉宫供奉历代达赖喇嘛灵塔的大殿，大殿很高，几座灵塔大小不一，其中最高最大的是五世达赖喇嘛的灵塔，据记载塔内除装有五世达赖喇嘛的法体外，还有一颗释尊曾转生为六牙白象时的一颗象牙以及佛舍利等稀世法宝，所以这座佛塔也被视为雪域的庄严。

佛塔有近13米高，在距灵塔比较远的地方拉起了一条隔离带。在灵塔前顶礼供养后，堪布从一位弟子手里接过一条哈达，抛向五世达赖喇嘛的灵塔供养，灵塔很高，距离又远，但这条轻轻的哈达竟然直飞向前面这座灵塔，端端正正地挂在了灵塔之上，弟子们的惊叹自不必说，就连这位陪同堪布朝圣的工作人员都啧啧称奇，不由自主地说道：“看来上师和我们就是不一样啊！”

走出佛塔殿，堪布一行又来到了供奉着胜乐金刚坛城等法宝的坛城殿。一座座用金银制成的古老坛城出现在大家眼前，在堪布的带领下，弟子们开始右绕坛城，念经祈祷。

大昭寺的传说

从布达拉宫出来已是中午时分，因为下午要到大昭寺朝圣，不少弟子在八廓街上请了念珠，准备带到大昭寺的觉卧佛像前祈求加持。

大昭寺出于安全考虑，平时只允许在佛像前供养很少的酥油灯，信众供灯主要安排在大殿门前的一个空场上，几个大大的供桌长年供养着成千上万盏酥油灯。平时更换酥油和擦拭灯碗的工作由自发来到这里的信众完成，信众用自己的信心与虔诚，将燃尽酥油的灯碗擦拭得干干净净。这天，来到这里等候朝圣的弟子们也加入了供灯、擦拭灯碗的行列。也许是这里的僧人认出了几位曾经跟随堪布前来朝圣的弟子，于是让大家提前进入了供养觉卧佛像的大殿。因为尚未开放，此时的佛殿内非常安静，只有两位僧人在为佛像贴金，其中年长些的正好在为一尊自然显现的度母佛像贴金供养，年轻的僧人在帮忙。看着几位弟子围拢过来，年老的僧人停了下来，与年轻僧人用藏语说着什么。“他说你们是德格堪布的孩子。这里有为佛像贴金的金水，让你们喝掉，加持力很大的！”年轻僧人一边翻译一边示意弟子们伸出手，老僧人笑着将手中的金水一一分给大家。在世界上最庄严的佛殿得到这样的加持，大家心里已被法喜充满，一个个伸出手，喝下这远远胜过任何世间甘露的金水。

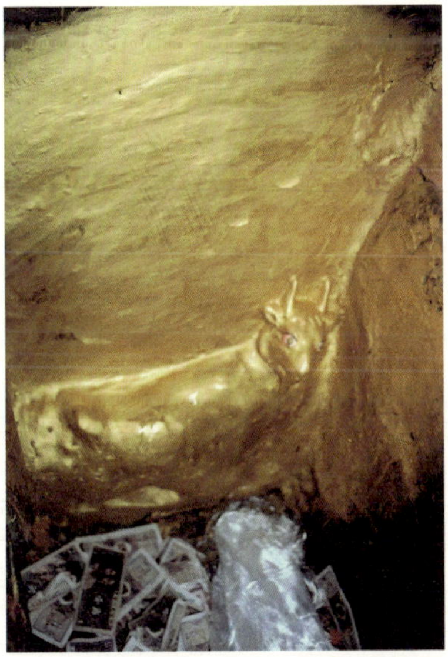

大昭寺墙壁上一尊自然显现的山羊

不一会儿，多登带着不少准备参加朝圣的藏族人也来到这里，其中几位就是大家中午买东西时的店主老板，看来不论做什么，对佛法的信仰已经与这个民族完全地融合在了一起，为朝拜，没有什么不能放下的。看到大家已经到齐，一位僧人把大家召集在一起，原来为了增加弟子们对大昭寺历史的了解，大昭寺的拉巴劳师父特意安排了一位了解大昭寺历史的出家人在贴金前为大家作一番介绍：“我们现在所见的大昭寺，原来是一片湖，后松赞干布在湖边为大昭寺选址时，将手中的金戒指向空中一抛，然后祈祷戒指所落之处就是建寺之所，而戒指恰好落入湖中，顿时湖面出现层层涟漪。于是藏王松赞干布就决定在这片湖上修建大昭寺。在寺庙修建过程中，最初是靠着山羊驮土填湖建寺的，所以人们也认为这些山羊中肯定有佛菩萨的化现。为了让人们记住山羊的功绩，大昭寺最初起名‘惹萨’。‘惹’，汉意为“羊”，‘萨’是“土”。大家看到的这幅壁画记录的就是当时的情景。”大家顺着僧人的手看去，在一幅壁画中，一枚戒指落入水中，一片光网罩住了整个水面。“在大昭寺建成后，人们发现在寺庙的墙壁上有一处自然凸显出的羊的形状，人们也就更加确认这就是佛菩萨的化身。像这样在墙壁上自然显现的佛像，在大昭寺还有好几尊。”听着僧人的介绍，大家都增上了对这座圣殿的信心。

下午 3 点钟左右，在拉巴劳师父的陪同下，希阿荣博堪布来到了大昭寺，堪布在大昭寺的第二次朝圣贴金供养开始了。

堪布依然是先来到觉卧佛像前，随着贴金的开始，堪布也开始诵经发愿。

为觉卧佛像贴金后，与在小昭寺一样，堪布拿出了一套事先准备好的法衣，供养给了觉卧佛像。随后，堪布的随行弟子拿出事先准备好的一个用金银打制的曼扎盘，和供曼扎所用的珍珠宝石等，堪布一边念诵金刚萨埵百字明等经咒，一边在觉卧佛像前供养曼扎。在觉卧佛前的供养结束后，堪布开始为大昭寺内供奉的包括那尊自然显现的“羊”的圣像在内的全部佛像贴金供养，几位负责贴金的僧人依次来到一尊尊佛像前贴金，堪布带领弟子们在这尊佛像前诵经发愿，后面跟随的信众也自发地形成了一支队伍，随着贴金的进行，人越聚越多，就连平时大昭寺供奉的吉祥天女护法神像也由僧人们打开了佛龛，让大家贴金供养。在为全部佛像贴金圆满后，僧人将剩下的金水分给了在场的每一位信众，大家争相接过圣水，喝到口中，再用手中剩下的一点点圣水擦拭头顶。

天色将晚，贴金圆满结束。但信众仍然意犹未尽，在堪布准备离开大昭寺时，围拢在他的车旁，向堪布供养哈达并祈请摩顶加持。

"今天我们的朝圣非常圆满，觉卧佛的加持力不可思议，在我们贴金的时候，我也发愿，希望所有的众生都能往生西方极乐世界。同时我希望在家乡也能有一尊与觉卧佛的加持力一样的佛像，成为那里的信众供养的福田。但愿这个心愿能够实现。"晚上在与弟子们聊天时，堪布说出了自己的心愿。

2004 年，堪布在觉卧佛像前所发的悲愿与诸多善妙的缘起聚合，一尊与觉卧佛像一样的佛像开始在尼泊尔制造，佛像制造圆满后，被运送到扎西持林。这尊佛像需经过尼泊尔、汉地和藏地，这一路的艰辛自不必说，在佛像几经周折抵达扎西持林时，恰逢藏历四月初八，殊胜的佛诞日，佛像刚刚安放，随着扎西持林的僧众念经声起，天空上彩虹横贯整个扎西持林，所有目睹此景的信众无不对这尊佛像生起极大的信心。现在这尊殊胜的觉卧佛像就被供奉在扎西持林的觉卧佛经堂内。

日喀则　扎什伦布寺

圆满结束了布达拉宫、小昭寺和大昭寺的朝圣，希阿荣博堪布决定在这天远赴日喀则。

从拉萨到日喀则有几百千米的路程，多登联系的两辆中巴依然是早早就停在了宾馆的门口，只是车上又多了一些跟随堪布朝圣的藏族信众，其中不少是新加入这支朝圣队伍的。也许是因为参与了昨天在大昭寺的贴金，他们对堪布生起了信心，所以此后堪布朝圣所到之处，便也会见到他们的身影。车辆刚刚驶出拉萨市区，堪布忽然从最前面的车上下来，走到弟子们的车边说道："我们大家一起念《大自在祈祷文》。"听到堪布的话，大家马上开始念诵《大自在祈祷文》，有的人还拿出了随身携带的转经轮，在《大自在祈祷文》的唱诵声中，跟随堪布向着日喀则前进。

从拉萨出发不久，人们就看到了远处的一座座雪山，因为念诵着《大自在祈祷文》，身边又有美丽的雅鲁藏布江水一路相伴，几百千米的路程没有让人有丝毫的枯燥感。到达日喀则已是下午，大家匆匆吃了点东西，就来到了历代班禅大师曾经驻锡的扎什伦布寺。寺庙的几位出家人已经在寺门口等候，原来堪布在拉萨大昭寺朝圣时，拉巴劳师父得知堪布要赴扎什伦布寺朝圣，事先已经向这里的僧人介绍了堪布的功德。与堪布互敬哈达后，一位年长的僧人从侍者手里接过一个布包："这是用十世班禅大师的法体盐做的擦擦佛像，这是大师圆寂前曾经加持过的金刚带。"老僧人一边用藏语向堪布作着介绍，一边拿出这些极其稀有难得的法宝结缘给大家，若不是跟随堪布至此，相信谁也没有想到自己会有这样的福报！就在这个过程中，又出现了一个有趣的小插曲：显然老喇嘛没想到会有这么多人跟着堪布朝圣，擦擦佛像和金刚带很快就发完了，但还有不少弟子没有得到，于是老喇嘛马上又让侍者去取，这位慈悲的老人最终满足了所有弟子的愿望。

扎什伦布寺曾是历代班禅大师驻锡的祖寺，班禅大师历来被信众视为阿弥陀佛的真实化身。与布达拉宫和大昭寺一样，在扎什伦布寺的门前，不少信众长年累月地在这里顶礼供养，这也足以看出班禅大师在信众心中的尊贵地位。早在 1989 年初，第十世班禅大师回到阔别多年的西藏，那也是大师最后一次回到扎什伦布寺。据当时的记载，当大师的飞机降落到贡嘎机场时，拉萨下了一场罕见的冬雨，而当到达日喀则时，冬雨变成了小雪。回到扎什伦布寺，大师不顾旅途的劳累，马上为前几世班禅大师的灵塔举行了盛大的开光法会，当时大恩上师法王如意宝也应十世班禅大师之请参加了法会。就在法会进行中，不知从哪里走来了一只大白羊。这只大白羊一边在法会的人群中钻来钻去，一边发出阵阵哀鸣。灵塔开光法会圆满结束后不久，班禅大师显现病状，最终这位生死自在的圣者选择在自己的寺庙示现圆寂。

走进扎什伦布寺，堪布最先带着弟子们来到了供奉班禅大师灵塔的经堂。这是一幢略显古旧的经堂，也许是这个季节很少有旅游者光顾的原因，略显幽暗的经堂内异常安静，只有灵塔前点燃的永远不会熄灭的酥油灯熠熠闪亮，好像在无声地向人们诉说着大师如海般的功德。走进大殿，堪布拿出随身带着的酥油，默默地放到一个个灯碗里供养，然后坐在灵塔前的地上开始念经祈祷。

从这座大殿出来，在寺庙喇嘛们的带领下，堪布一行来到扎什伦布寺的强巴佛殿。这座佛殿由第九世班禅大师修建，殿内供奉着一尊近 27 米高的强巴大佛。强巴佛，也就是弥勒佛，是贤劫第五佛，未来释迦牟尼佛的教法隐没后，弥勒佛将应化世间，利益众生。在藏地几乎所有的寺庙都供奉着强巴佛像，扎什伦布寺的这尊弥勒佛像是第九世班禅大师建造，加持力不可思议，是佛弟子心中极其难得的祈祷和供养的对境。跟随堪布顶礼供养，所有弟子心中都充满了喜悦，在与扎什伦布寺的喇嘛简单交流后，堪布决定为这尊极具加持力的佛像贴金供养。不一会儿，几位负责贴金的喇嘛来到大殿，

扎什伦布寺供奉的近27米高的强巴佛坐像（局部）

将堪布供养的金粉一笔笔刷在佛像上，同时几十位弟子跪在佛像前，跟着堪布一起念经发愿。

因为此行时间紧张，在结束了扎什伦布寺的朝圣后，堪布又带领大家来到历代班禅大师曾经驻锡的东宫朝圣。但因天色已晚，这里已经关门，几位出家师父便开始与这里的工作人员协商。为大家的虔诚所感动，工作人员又重新打开东宫的大门，此行最终吉祥圆满。

晚上8点多钟，堪布一行才返回日喀则，因为跟随朝圣的人太多，大家不得不分到两个宾馆住下，后来听宾馆服务员说，这里的宾馆是世界上海拔最高的宾馆，真没想到堪布的此次朝圣无意间还成就了一次“世界之最”。

遥远的萨迦寺

今天朝圣的圣地是距日喀则 150 多千米的萨迦寺。

100 多千米的路程对于这些来自汉地，习惯于用时速与千米数来换算路程的弟子们本不算什么，但一上路大家就知道自己原来的经验在这里完全用不上。沿路已经没有了雅鲁藏布江相伴，车窗外全是一望无际的高原，公路的标识也变为“中尼公路”，那公路的尽头应该就是尼泊尔吧。汽车行驶扬起的灰尘让坐在车里的人都不得不戴上眼镜，而一路的颠簸让所有人心里想的都是快点到达萨迦寺。下午 2 点左右大家终于远远地看到了这座雪域名刹——萨迦寺。后来听我们的司机讲，这里距离珠穆朗玛峰也只有 200 多千米了。与藏地其他地方看到的寺庙不同，萨迦派的寺庙外墙一般会绘上象征文殊菩萨、观音菩萨和金刚手菩萨的红白黑三种不同的颜色，而这些萨迦派寺庙独特的标志，使得萨迦教派由此又被人们俗称为“花教”。下车后为节约时间，堪布与大家一起随便吃了些方便面果腹。

萨迦派在藏传佛教中与宁玛派、格鲁派、噶举派并称“四大教派”，而萨迦教派与至尊上师法王如意宝也有着甚深的因缘。在法王如意宝为利益众生的无数次转世当中，就有一世转世为萨迦派中被誉为“雪域三大文殊”之一的萨迦班智达。当年萨迦班智达与他的弟子法王八思巴曾以佛法调伏当时横跨欧亚的蒙古帝国大汗、不可一世的元朝皇帝的历史，更是让萨迦寺随着萨迦派教法的弘扬而声名远播。

看到希阿荣博堪布一行走进寺庙后，萨迦寺的几位管家与堪布出来迎接，在与希阿荣博堪布互敬哈达后，管家们开始陪同希阿荣博堪布朝圣。首先来到的是寺庙僧人日常修行、课诵的经堂，经堂正中供奉着一尊2米多高的文殊菩萨像。据僧人介绍，这尊古老的佛像已经被供奉在萨迦寺多年，后来在寺庙出现违缘时，这尊佛像突然神秘地消失了。多年以后，违缘稍稍减少时，一天在寺庙附近的地里，人们重又发现了这尊自然现身的佛像，于是僧人将这尊神奇的佛像重新迎请回萨迦寺供奉。听着僧人的介绍，堪布决定为这尊文殊菩萨佛像贴金供养。贴金时，堪布始终站立在佛像旁边，双手合十，以头礼佛足，发愿祈祷。

从文殊佛殿出来，寺庙的僧人将堪布请进了萨迦寺最主要的经堂。走进大殿，僧人向堪布介绍："大殿正中是一尊庄严的释迦牟尼佛佛像，佛像是当年法王八思巴亲手所做，在装藏时放入了莲花生大士以神通变化出的一只海螺。边上这尊文殊菩萨像是当年萨迦班智达修持本尊法时的佛像。这边这尊被烟熏黑了的文殊佛像非常神奇，因为有了这尊佛像的加持，萨迦派的寺庙再没遭过火灾……"僧人的介绍让弟子们对这座圣殿更加敬仰，堪布带着弟子们在每一尊佛像前顶礼供养。"这只白色的海螺非常古老，当年印度那烂陀寺就曾经使用过。后来海螺被迎请到了萨迦寺，萨迦派的历代法王在广转法轮时，都曾使用过它。萨迦派的祖师们授记，当这只海螺吹响时，所有众生的相续都会得到加持，如果有人在此时为亡人超度或者念诵亡人的名字，亡人会很快解脱。"听完僧人的介绍，堪布走到法座前，将这只极具加持力的海螺放在头顶念经祈祷。

弟子们也在海螺前排队以顶礼供养。这时一位僧人登上法座，准备为堪布和朝圣的弟子吹响海螺。得到这样的机会，弟子们当然不会错过，想到刚才僧人的介绍，不少弟子在海螺吹响时，双手合十祈祷发愿，有的还忆念起了自己已经离世的亲人的名字，希望以诸佛菩萨和历代祖师的加持，让他们早日离苦得乐。

在大殿的后面，就是闻名遐迩的萨迦寺经书墙。经书以前就由历代萨迦法王收集，传至法王八思巴，又由元朝的皇帝来作为施主供养，所以经书的规模日益扩大。有藏文、梵文的贝叶经和汉文的经卷，经书全部都由金汁、银汁、朱砂或墨汁精工写成，现在萨迦寺共存有经书 24 000 余函。在大殿的墙边，形成了与房顶同高的一道经书墙。“即使寺庙大殿的墙倒了，萨迦寺的大殿也不会塌下来。”如不是亲眼所见，是不会理解这句在藏族人口中流传的谚语的真正含义的。在僧人所持手电筒的微光的照耀下，堪布一行来到了这座经书墙前，大家一边向经书墙供养哈达，一边跟着堪布唱诵《大自在祈祷文》等经文。弟子们还不时地拿出日常带在身上的加持品轻轻触碰经书，祈请历代祖师加持。

从经书墙的大殿出来，僧人们拿出一些萨迦法王的法相，与大家结缘。这时寺庙的一位喇嘛来到堪布面前，原来萨迦寺的僧人已经准备好，他们要为远道而来的堪布辩经供养。大殿外几十位僧人已经站好，见堪布走来，僧人们马上开始辩论，原本安静的寺庙一下子热闹起来，堪布也走到僧人们中间，津津有味地聆听着大家的辩论。僧众们的辩经供养持续了近一个小时。萨迦寺的辩经供养结束后，寺庙的几位管家又将堪布一行请到了寺庙的客堂，与堪布进行亲切的交流。

离开萨迦寺时，天色渐晚。虽然刚才在客堂时好客的僧人已为大家摆上了不少吃的东西，但考虑到寺内之物皆来自十方供养，弟子们谁也没敢动一口。奔波了一天，只是来到萨迦寺时随便吃了些方便面，此时大家的肚子都开始叫了，而回到日喀则至少还要几个小时的路程。就在这时，堪布亲自抱着几箱刚刚买来的饼干，来到每辆车前，分给车上已是饥肠辘辘的弟子们。吃着堪布赐给的加持品，大家开始上路。

回到日喀则，已是午夜时分，带着一路的风尘，弟子们很快进入了梦乡。

转绕拉萨城

扎什伦布寺和萨迦寺的朝圣圆满结束了。

这天一早，堪布一行计划返回拉萨的“家”。也许是要回“家”，大家的心情都很轻松，加上一路有雅鲁藏布江相伴，朝圣的佛子们自然是一片欢歌笑语，几百千米的高原山路也显得并不是那么漫长，中午时分大家就到达了拉萨。

匆匆吃过饭，稍事休息，堪布又为大家布置了功课：利用下午的时间去转绕拉萨城。“我们以后能不能有这样的机会朝圣很难讲，所以我想你们在这里的时候不要耽误时间，拉萨城里有布达拉宫、大昭寺、小昭寺等非常殊胜的对境，转绕一圈拉萨城，等同于把这些殊胜的对境都转绕了一遍，功德非常大。可能会有些辛苦，但作为学佛人，为了修行吃这点苦应该没什么吧。”临行前堪布为大家进行了简短的开示。

拉萨与汉地的许多城市相比并不算大，步行转绕一周也就是五六个小时的时间，但就是这样一座不大的城市里，汇集了供奉释迦牟尼佛八岁等身像的小昭寺、释迦牟尼佛十二岁等身像的大昭寺和布达拉宫、药王圣山等殊胜对境，这样的城市实际上是真正的圣地，难怪藏语中“拉萨”的意思就是“佛陀驻锡之地”。

跟随堪布朝圣到现在已经有20多天，紧张的行程让大家没能顾得上好好地观察这座圣城，今天转绕拉萨全城应该是最好的机会了。

拉萨城其实是建立在拉萨河谷之上，清澈的拉萨河从布达拉宫的南面穿城而过，药王山与红山突兀其间。城市四周隐约可见的雪山就像一片片白莲花瓣，将整个圣城拥在其中。而在城市的街道上，随时可以看到手拿念珠和转经轮的人边走边修行，大昭寺、小昭寺、布达拉宫前时时刻刻都有人在那里转绕、磕大头供养，看着这些精进修行的人，真的感觉他们没有辜负这座圣城。而我们这些远道而来的弟子们也时常会不由自主地发出这样的感叹：作为一名修行人，有幸能生活在这座城市里，福报实在是太大了！

纯净的蓝天、庄严的庙宇和一个个随时念诵观音心咒的普通藏族人，让转绕拉萨城的行程没有一丝的枯燥，晚上回到住处，大家仍然兴奋地讲述着自己一路上的所见所闻。

哲蚌寺

几天前，堪布朝拜了拉萨三大寺之一的色拉寺，今天准备朝拜三大寺中的另一座寺庙哲蚌寺。哲蚌寺距离拉萨市区只有5千米左右的距离，是当年宗喀巴大师和他的弟子绛央曲杰·扎西班丹所建，至今已有近六百年的历史。寺庙三面环山，犹如嵌在一钩弯月当中，另一面正好面对拉萨市区。

进入哲蚌寺，堪布依然没有忘记嘱咐大家请些酥油准备供养。看到这支长长的朝圣队伍，哲蚌寺的几位僧人也出来主动做起了向导。说实话，哲蚌寺确实很大，面对一座座经堂，第一次来的人真的会有些不知所措。

在向导的引领下，堪布一行首先来到哲蚌寺一座密宗佛殿。殿内最著名的佛像就是宗喀巴大师当年自己塑造的宗喀巴像。宗大师是诸佛智慧的化身文殊菩萨以比丘之身应化雪域，利益众生。大师虽

哲蚌寺主供佛强巴佛

然是格鲁教派的建立者，但他老人家在整个藏传佛教当中都有着崇高的地位，是公认的雪域圣者。这尊宗大师佛像全身金色，无比庄严。大家此时发现在佛像的双手上裹着一条哈达，哲蚌寺的僧人在向堪布介绍了这尊佛像的来历后，一点点打开宗大师手上的哈达："这尊佛像真的与宗喀巴大师没有任何区别，堪布您请看，佛像的指甲一直在长。"随着僧人打开了裹在佛像手上的哈达，堪布与所有弟子都看到了佛像手上的指甲的确很长。僧人所言不虚，这尊佛像的加持力不可思议啊！在堪布的带领下，大家在佛像前顶礼供养，并在佛像前供养的酥油灯碗内，添上自己供养的酥油。

从佛殿出来，穿过一条走廊，堪布一行又来到了一间护法殿。与其他佛殿不同，这座殿内供奉着几尊护法神像。在佛教中，护法一般显现忿怒相以摄人心魄，其实很多护法都是佛菩萨在众生面前的另一种显现，外表威猛无比，内心则充满慈悲。佛殿中供养着一尊吉祥天女佛像，吉祥天女是藏传佛教当中最具神威的护法神之一，各教派寺庙的僧人都有祈祷供养吉祥天女护法的仪轨。来到这尊佛像前，堪布拿出一条哈达，向佛像抛去，供养吉祥天女护法神。只见这条供养的哈达高高飞向空中，在吉祥天女像面前自然打开，不偏不倚正好落在了吉祥天女的手上，就好像是佛像伸手接住了一般，在场亲眼看见这一情景的哲蚌寺僧人和弟子们都惊叹不已。

几位向导最后将堪布领到了一间有些神秘的经堂，与前几座经堂相比，这座经堂不是很高，光线有些暗。经堂内挂着唐卡，四周供奉着很多佛像。在经堂正中，有一个1米多高的佛龛，佛龛的门一直关着。经僧人介绍弟子们才得知：原来这间佛殿是依山而建，这个神秘的佛龛也直接建在山体之上，佛龛内供奉着一尊自然显现的六臂玛哈嘎拉佛像，是哲蚌寺的镇寺之宝。

哲蚌寺的镇寺之宝——山体上自然显现的六臂玛哈嘎拉佛像

根据传统，哲蚌寺的这尊佛像一年当中只有半天的时间开放供信众礼拜。几年前格鲁派大成就者贡唐仓活佛仁波切来哲蚌寺时，寺庙破例打开过一次佛龛的门。说着，几位僧人拿出佛龛的钥匙，打开了佛龛。看见佛龛内是一尊庄严的六臂玛哈嘎拉佛像，堪布开始头触佛像念经祈祷，随后弟子们也跟着堪布在佛像前顶礼供养。等大家顶礼供养后，堪布带着大家在这间佛殿内唱起了《大自在祈祷文》。

罗布林卡：宝贝花园

从哲蚌寺出来，已是午后，一位跟着堪布来哲蚌寺朝圣的活佛祈请，希望堪布能到他在附近的家中好让他向堪布供斋。这位活佛的家就在哲蚌寺的山下。匆匆吃过饭，大家又跟着堪布来到了罗布林卡。

“罗布林卡”，在汉语中的意思是“宝贝花园”，这里曾经是一座夏宫，而现在已经变成了拉萨西郊的一个公园。如今只剩罗布林卡内的几座宫殿式的建筑向人们诉说着她曾经的历史。宫殿内依然供奉着佛像唐卡等三宝所依。在一间主殿内，安放着一张高高的法座，也许因为法座十分珍贵，法座被玻璃罩罩了起来。

从大殿内出来，大家看到，在罗布林卡的一角有几个大大的铁笼，铁笼里装着几只黑熊和其他动物，这里可能应该算是拉萨的动物园了吧。被关在罗布林卡，这些动物也真的不知道是什么因缘啊！看到这一场景，堪布走过来，开始为这几只动物念诵观音心咒等佛菩萨的咒语加持。

结束了朝圣，堪布一行准备走出罗布林卡，这时有几位藏族人来到堪布面前，供养哈达后，他们请堪布来到了一个小院，原来这里有两位藏族的民间艺人，准备向堪布供养歌舞。藏族人能歌善舞，而向上师三宝供养歌舞，也是这里的一个传统。两位艺人等堪布坐定，便拿起乐器开始演唱，也许是佛法的加持，也许是正在朝圣的原因，大家感觉就连这些藏族特有的音乐也在向人们传达着他们心中的自在与欢喜，而这样的自在与欢喜是世间的金钱根本买不到的。歌舞供养持续了一个多小时，大家走出罗布林卡时，已是华灯初上。

冈日托嘎：无垢光尊者修行地

今天朝圣的目的地是宁玛教派中光耀古今、对众生具无量恩德的大圆满传承祖师、与佛无别的伟大圣者、全知大法王无垢光尊者曾经驻锡与修行的圣地——冈日托嘎。

从拉萨出发，一个多小时就到达了冈日托嘎的山脚下。再向前走已经没有公路，于是大家弃车而行。蜿蜒的山路上，一队长长的朝圣者在缓缓前行，而堪布则一边走一边开始念诵无垢光尊者的祈祷文。快到山顶时，一座寺庙出现在眼前，这是一座觉姆的寺院，属宁玛派。当听说是希阿荣博堪布来到了这里，寺庙的出家人将正在赶路的堪布一行恭请进寺庙，并献上吉祥的哈达。交谈时，堪布观察到这里的僧人对法王如意宝具有很大的信心，而寺庙的僧人也早已知道了堪布的功德，于是向堪布祈请，希望堪布在因缘具足的时候能够再次来这里为僧众讲经说法。堪布同意了大家的请求。看来今天的缘起的确非常吉祥，堪布让弟子们拿出带来的法王如意宝的法相与大家结缘，几十张法相刚一拿出，瞬间就全部被觉姆及当地信众请走。午餐就在寺庙经堂外的空地上解决，堪布与大家席地而坐，吃着随身带来的方便面。

午餐后，继续上山。又经过了一段时间，大家终于到达了心中的圣地冈日托嘎。当年，为了利益未来众生，全知法王无垢光尊者来到冈日托嘎，在这里撰写了著名的《七宝藏》，特别是在布玛目扎等传承上师的加持下，撰写了包括《空行精滴》《上师精滴》等大圆满著作，让后来有缘的修行者获得了无量的利益。多年来，尊者与萨迦派的萨迦班智达、格鲁派的宗喀巴大师一同被誉为“雪域三大文殊”。尊者一生当中除讲经说法外，几乎都是在山洞中修行。如今在尊者当年修行的山洞的洞外，依山建造了一间不大的房屋，房屋的四壁上画着历代大圆满祖师的法相，无比庄严。现在仍然有人在洞内修行。走进山洞，堪布在正中供奉着的一尊尊者佛像前顶礼供养后，决定在这里举行会供。弟子们拿出从山下带来的各种供养品，放在尊者像前的一个供桌上，在堪布的带领下开始念诵会供仪轨，会供开始。各种法器的声响伴着诵经的声音在冈日托嘎的上空回荡着。不会念诵仪轨的汉地弟子们也静静地坐在洞中。一个多小时后，会供结束。

走出山洞，所有人大吃一惊——洞外原本晴好的天气在刚才会供时竟然降下了一场大雪，仅仅一个小时的时间，积雪已经很厚，将冈日托嘎所在的圣山装扮得银装素裹，与来时相比，就像换了一个世界。

雪越下越大，在几位修行人的引领下，堪布冒着大雪来到山洞旁的一块巨石前。这块巨石不但形状奇特，而且石头上布满了经旗和哈达：“仁波切，当年宁玛派的三大护法在护持无垢光尊者圆满了《七宝藏》等大圆满著作后，全部融入了这块巨石。”僧人向堪布介绍道。听到这里，堪布马上向这块巨石献上了哈达，感念三大护法神对众生的恩德。

走过巨石，山上还有几座无垢光尊者当年修行的山洞，而且所有的洞内都有修行人在此修行：一张席地的垫子、一个简易的炉子、一只碗和修行祈祷用的佛像或者唐卡，这就是他们的全部家当。与青朴山一样，这里的修行人也同样让人钦佩、感动。堪布走进每个山洞念经祈祷。

时间不知不觉已经到了下午四五点钟，下山的时候到了，大雪已渐渐停了下来，山上虽然是一片银白世界，但路上的积雪已悄悄地融化了，下山的路并不艰难。

卓玛拉康：阿底峡尊者修行地

离开冈口托嗄，堪布又来到了距拉萨20多千米的聂当地区的卓玛拉康。卓玛拉康，是从印度来到西藏，在西藏开创佛法后弘扬伟业的阿底峡尊者的驻锡地。当年尊者应藏王的至诚祈请，与本尊度母的授记来到西藏广弘圣法，最后在这里示现圆寂，而尊者一生随身携带着的本尊度母佛像就一直被供奉在这里，卓玛拉康（意为“度母佛堂”）也因此得名。

此时卓玛拉康已经没有游人。走进寺庙，差不多已经形成习惯的弟子们马上到寺庙的流通处请了酥油，堪布也与寺庙的僧人交谈着。看大家准备完毕，寺庙的僧人将堪布一行请到寺庙的经堂，一位管家拿出钥匙，打开经堂一处关闭的门，请出了那尊古老的度母佛像和一个白色的海螺：“这是当年阿底峡尊者的本尊度母佛像和他曾经使用过的海螺。”僧人一边介绍，一边将佛像、海螺放到堪布手上，接过圣物，堪布马上念诵《八吉祥颂》等经文祈祷。念毕，堪布取出纯金金粉亲自为这尊度母佛像贴金供养，然后堪布一边念诵祈祷经文，一边将佛像放到每一个随行弟子的头上加持。接着，堪布又吹响了那只阿底峡尊者曾经使用过的海螺，象征佛法广弘的海螺声在卓玛拉康的上空响起。

随后，弟子们开始在卓玛拉康的每间佛殿的灯碗内供养酥油，祈祷佛法久住。

在经堂朝拜时，寺庙僧人将堪布领到一尊佛像前说道："仁波切，这是阿底峡尊者在世时，亲手制作的一尊自己的佛像，尊者亲自讲过，未来有缘见到这尊像的众生与见到他本人没有区别。"

说着，僧人打开了佛像的玻璃佛龛，堪布以头触圣像顶礼，然后取出哈达供养。从卓玛拉康出来，僧人们又将堪布一行带到寺庙对面不远的阿底峡尊者的灵塔前，而后在堪布的带领下，大家一起转绕灵塔，念经祈祷。

距离卓玛拉康不远就是著名的聂当大佛。聂当，是当年阿底峡尊者和许多高僧大德修行的圣地，现在一尊几十米高的释迦牟尼佛像依山而刻，气势恢宏。在大佛前堪布与弟子们一同顶礼供养。

回到拉萨市区，天色已晚。

大昭寺前随喜供灯

今天是弟子们跟随堪布到拉萨朝圣以来少有的一天休息日，因为听说堪布在这次朝圣结束前，还要到大昭寺贴金供养，所以早餐后弟子们大都来到八廓街，准备请佛像和唐卡，以便在堪布为觉卧佛像贴金时祈请开光加持。中午前后，大家又不约而同地来到大昭寺前供灯的地方，一个个席地而坐，拿出事先准备好的纸、布，加入了供灯和擦拭酥油灯碗的行列。

在大昭寺前，常年都有很多信众自发地在这里供酥油灯，几个供台总是满满地摆放着点燃的酥油灯，而更多的信众也会自发地来到这里擦拭供灯碗，毕竟能在这样殊胜的对境前承侍供养，是每个佛弟子都求之不得的，因为大家知道，这是清净无始以来的业障和积累资粮的方便法门。在平等慈悲的佛陀面前，不分民族、地位，对上师三宝的信心，让这几百位佛弟子组成了一个大家庭。而一个个快乐的表情和不时传出的欢歌笑语，也让人们感到这个家庭是多么的安乐祥和。

甘丹寺：宗喀巴大师的灵塔

在格鲁派的三大寺中，甘丹寺是宗喀巴大师亲自建立的道场，也是三大寺中建立最早的一座寺庙。甘丹寺建立至今的六百年来，一直是格鲁派最具影响力的寺庙之一。而著名的甘丹寺法台（藏音甘丹赤巴）的考核极其严格，非真正具足菩提心、通达显密教法的传承者绝对不可能当选，所以甘丹赤巴在格鲁派中有着崇高的地位，可以说是格鲁教派的教主之一。“甘丹赤巴的法座是没有主人的！”这是藏族人为鼓励年轻僧人精进闻思修行常说的一句谚语。现在甘丹寺内仍然供养着宗大师的灵塔，但因末法时期众生的福报浅薄，大师的法体曾遭到损毁，未能完好保存。

今天堪布将前往甘丹寺朝圣。

甘丹寺距拉萨市区有几十千米，路程并不远，但甘丹寺坐落于山顶，而就在今天早晨，这里还降下了一场大雪，所以中巴不得不在布满积雪的山路上缓慢前行，以至于大家到达甘丹寺时已经将近中午。

来到甘丹寺，大家对这座建立在山顶的寺庙的第一印象就是宁静，抑或是些许冷清，而这样的印象与这座寺庙曾经辉煌的历史形成了一种对照。甘丹寺的喇嘛在与堪布相见后，先将堪布领进了一间供奉着一尊本师释迦牟尼佛的大殿，这是一尊古老的释迦牟尼佛像，近2米高，佛像前用汉语写着“能仁王”三个字，几盏酥油灯供在佛前。“这尊佛像非常古老，是当年僧人从印度迎请到西藏的，后来宗喀巴大师就是在这尊佛像前受持的比丘戒。”寺庙的僧人简单地向堪布作着介绍。在向这尊佛像顶礼并献上哈达后，堪布决定为这尊佛像贴金供养。甘丹寺的几位僧人与跟随堪布前来的几位出家人一起为佛像贴金供养，堪布则带领着弟子在佛前安坐，念经发愿。

贴金圆满结束后，寺庙的僧人将堪布带到了供奉着宗大师灵塔的佛殿。这座灵塔是近年新修建的，为保护好灵塔，寺庙在灵塔的四周筑起玻璃墙将灵塔围住。在大师的灵塔前，堪布带着弟子顶礼，将请来的酥油供养后，开始了长时间地祈祷、转绕。

走出供奉大师灵塔的佛殿，来到甘丹寺的大殿，殿内几十位出家人正在念经；再拐几个弯，来到一间不大的经堂，经堂内的光线略显幽暗，在一张法座上，供奉着宗喀巴大师的法相。僧人介绍道：“这是宗大师圆寂前安坐过的法座，一直完好地保存在甘丹寺内。”听到这里，堪布在向法座供养哈达后，坐在法座旁，双手合十，默默祈祷。弟子们也在法座前顶礼供养。走出这间佛殿，寺庙的一位僧人请出了一个用哈达缠绕着的包来到堪布面前：“仁波切，这是宗喀巴大师曾经戴过的法帽。”说着，僧人一边念经祈祷，一边将大师的法帽放到大家的头顶赐予加持。

佛教中，虽然高僧大德们根据众生不同的因缘而建立了不同的教派，但这都是圣者们为引导众生趋入解脱道作出的不同显现，各教派在究竟意义上没有丝毫相违。几年前，由于与宗喀巴大师的殊胜因缘，法王如意宝就曾在自己的光明梦境中得到了宗喀巴大师亲自赐予的《三主要道颂》等法要的传承。梦境中，宗大师还授记说，你的弟子中如有能背诵此法者，在未来我示现成佛时，他将成为首批眷属。后来法王又在具缘弟子前为大家传承了此法。

走出甘丹寺的经堂，寺庙的过道上走来了几十位来这里朝圣的出家人，忽然出现的堪布令他们吃惊不小，大家马上恭敬地站在道路两边，原来这几十位出家人都是来自喇荣五明佛学院，真是太巧了。

与僧人们简单交谈后，堪布来到了甘丹寺最高的一处山洞，这里就是宗喀巴大师当年闭关修行的地方。山洞不大，已被酥油灯熏得黑黑的洞壁告诉到这里的朝圣者，自宗大师以后的几百年来已经有无数的修行者在这里追随着大师的足迹修行。

洞内一块平平的岩石上，宗大师几百年前留下的一个手印仍然清晰可见。离开宗大师闭关的山洞，天已经放晴，积雪也开始慢慢地融化，堪布带着弟子们转绕了整座甘丹寺。

准备离开寺庙时，堪布让大家在这里请一些甘丹堪巴带回去。甘丹堪巴就是在甘丹寺附近生长的一种草，因为在多年来的传统中，甘丹寺每每在有高僧大德讲经说法时，都会在山顶吹响海螺，在这种海螺声中生长的草自然会受到很大的加持，而这里的草也确实有一种神奇的香味，可以说是再好不过的供品。

带着甘丹堪巴，大家坐上了返回拉萨的车。

堆龙圣泉：莲师以神通开起的泉水

在拉萨简单地吃了些东西后，下午4点多钟，堪布一行又来到了拉萨附近的堆龙圣泉。

堆龙圣泉地处拉萨近郊，当年莲花生大士进藏，一路上降伏藏地的鬼神，快到拉萨时，藏王赤松德赞君臣等几十人在此地迎请莲师。两位圣者会晤后即来到堆龙雄巴多山谷，但他们在准备饮食时，却找不到任何水源，于是莲师用禅杖戳于岩石之上，随后泉水自然涌出，一千多年来从未间断，而这泓泉水也被称为“雄巴拉圣泉之水”。

如今在泉水旁边不远的一块巨石上，仍然保留着一个莲师留下的足印，而巨石的四周已是经旗围绕。来到这里一下车，堪布立即以头触莲师足印，念经祈祷。随后弟子们也开始右转足印，祈祷加持。

一尊1米多高的石刻莲师像立在泉眼边，整个泉眼直径有2米左右，水池中的泉水清澈见底，还不时地从底部向上冒着气泡。“嗡啊吽舍得亲巴瓦枉格破章德……”刚到圣泉边，堪布就带头唱起了《大自在祈祷文》。随着堪布的唱经声起，圣泉水中的气泡一下子多了起来，圣泉也好像听到了堪布的声音。念经后，堪布让大家从附近的人家拿来了几只水桶并接满泉水，然后让随行的刀登活佛帮助将水浇到头上，祈请莲师的加持。看到堪布的样子，大家也一个个效仿起来，拿着水桶就往头上浇，泉边立刻一片欢笑声。

在一片欢笑声中，这一天的朝圣圆满结束了。

拉萨护生

考虑到此次朝圣即将结束，这天弟子们没人顾得上休息，大家有的相约去转绕拉萨城，有的到大昭寺前帮助擦拭油灯碗，还有的去八廓街请佛像、念珠等。堪布也利用这短暂的时间，与拉巴劳师父联系，在拉巴劳师父的帮助下，寺庙同意堪布在大昭寺的大殿内和大殿外供灯。“本来大昭寺的大殿内，一年当中只是在宗大师诞辰日时才大规模供灯，其他时间就只在几尊佛像前供灯，而信众发心供养，一般就在酥油灯碗内添上一些酥油。现在寺庙同意您在大殿内大规模供灯，这是不可思议的因缘啊！”拉巴劳师父这样对堪布讲道。于是堪布马上委托多登等人帮忙，请了几千只供灯碗和几百公斤的上等酥油，为即将在大昭寺行广大供养做着准备。整整一天，大家都忙得不亦乐乎。

傍晚，弟子们又相约来到堪布的房间，汇报自己一天的经历和所见所闻。一会儿，诚立卓玛师兄从外面进来，向堪布供养了一只白色的右旋海螺，海螺的两端还以纯银装饰。接过弟子供养的海螺，堪布带着大家唱起了《八吉祥颂》等经文，并将海螺放在弟子们的头上一一加持。

右旋海螺在佛教当中有着特别的意义。本师释迦牟尼佛在因地时就有一世曾经转世为一只右旋海螺利益众生。藏地的寺庙和很多高僧大德在广转法轮时，也会吹响海螺，而听到海螺声音的众生，都会在相续中种下解脱的种子。堪布在此次朝圣即将圆满结束时，得到这样的供养，这肯定是一个非常吉祥的缘起。在场的弟子们也祈愿上师弘法利生的事业圆满吉祥。

晚上，堪布又将多登和几位后来跟随朝圣的藏族信众叫到住处，与他们商量明天在拉萨护生的事宜。朝圣即将结束，除朝拜诸多圣迹以外，在圣城拉萨护生同样是堪布的一个心愿。

这天天刚亮，多登就带着几位藏族信众和汉地来的居士一起来到拉萨的菜市场买鱼。与汉地不同，在拉萨市场上出售的鱼分为两种，一种是生长在拉萨河的“拉萨鱼”，其实所谓“拉萨鱼”，也就是在藏地特有的一种高原鱼；还有一种就是在汉地常见的鲤鱼、草鱼等。藏族居士一来到市场，马上就将“拉萨鱼”全部买下，随后雇用人工三轮车运到拉萨河边，那里早已有很多信众在等候，来一车放一车。说实话，这种方式的护生，对大家来说还是头一次。护生正在进行时，多登忽然接到了堪布的电话，在得知大家只放生了“拉萨鱼”后，堪布马上要求大家不要区分品种、价格、大小等，看到市场内有什么就放什么，而且要尽可能多放。听到上师的教言，多登等人也觉得自己刚才的做法确实有些不妥，于是大家又重新分成几路，再次前往各个市场，只要看到可以放生的鱼就全部买下。于是，在市区通向拉萨河的路上，时不时地会出来一辆人力三轮车，车上载着一箱箱的鱼。而在河边，自发参与护生的信众也越来越多，藏族、汉族的信众一起将这些被解救的生命送回到水中。因为担心有不信因果之人捕鱼，不少藏族居士还沿河守护着这些刚刚获得生命自由的众生。

下午两三点钟，多登给堪布打电话，汇报情况：“上师，拉萨市区的菜市场内所有的鱼已经全部放生。”

至此，这天在拉萨的护生圆满结束。

扎耶巴：莲师授记的未来修行地

今天堪布朝拜的地点是距离拉萨市区二三十千米、被莲花生大士授记为未来修行地之一的扎耶巴。

圣地扎耶巴其实就是坐落在拉日宁布神山上的一些可供修行的山洞，一共有100多座。早在一千多年前，藏王松赞干布就曾经在这里的山洞内修行。此后莲花生大士与二十五大弟子，包括当时的藏王赤松德赞等也在此地闭关修行。再后来密咒师佛法广弘，拉隆巴多在诛杀了毁灭佛法的朗达玛后，就曾藏身于此闭关修行。

车开到山下，山上没有公路，于是大家开始步行上山。与以前的冈日托嘎神山和青朴山相比，扎耶巴的山不算很高，一两个小时后，大家就看到了布满经旗的山顶。看到这支朝圣的队伍，山上修行的僧人也出来迎接，并为大家做起了向导。

“这是阿底峡尊者当年闭关修行的山洞，旁边与这个山洞相连的是尊者的弟子仲敦巴居住的地方，仲敦巴当时负责为尊者做饭。你们看，在山洞的深处有一泓泉水，那是尊者以神通开启的伏藏泉水。只是现在流下来的水已经非常少了。”顺着僧人手指的方向，大家看到在仲敦巴尊者当年居住的山洞内，有一个自然形成的灶台，灶台旁是一个泉眼，时不时有水滴下来。一只碗正放在水滴下的地方接着甘露圣泉。此时已经接了半碗泉水。说着，僧人将这半碗水端起来，给大家每人分了一点。大家手捧着甘露，小心翼翼地喝下去，手上最后余下的也不肯“浪费”，全部抹在了头顶，心中祈祷祖师的加持。

在扎耶巴高处的一座洞内，供奉着一尊著名的弥勒大佛，这尊佛像是拉萨地区最高的弥勒佛像，足足有三层楼高，此地也是宗喀巴大师的上首弟子克珠杰尊者曾经修行的地方。来到佛像前，堪布决定为这尊极具加持力的佛像贴金供养。弟子们拿出带来的酥油，放到佛像前的灯碗内供养。贴金供养后，在扎耶巴僧人的引领下，堪布一行穿过一条大约几十米长的隧道，准备朝拜这里最古老的一座山洞——松赞干布曾经修行过的山洞。走过隧道的时候，僧人指着隧道顶部："上师您看，这是一尊自然显现的金刚手菩萨像。"大家循着僧人的手指向上望去，只见高出头顶1米左右的山岩上，一尊金刚手菩萨像从岩石上突显而出，且已显现圆满。佛像没有任何装饰，只是颜色比四周的岩石稍稍深了一些。这时堪布拿出一条哈达，抛向头顶上方供养佛像。哈达的一头竟被佛像牢牢地"抓"在手中，太不可思议了！

来到藏王松赞干布曾经修行的山洞，僧人们简单地介绍后，就让大家仔细地观察洞内的墙壁，原来在这座古老山洞的墙壁上，至今还能看到许多自然显现的佛像。走出山洞，来到了扎耶巴的高处，这里是十几个相通的山洞，而且山洞的形状和洞与洞之间的过道都非常奇特，看着大家诧异的表情，僧人介绍道："这些山洞是当年印度的八十位大成就者修行的地方，这些看上去非常奇怪的山洞与过道，是他们显现神通时，随意在岩石中穿行留下的。"听完僧人的介绍，不少弟子马上以头触石壁，祈祷加持。

扎耶巴的最高处，就是莲花生大士曾经修行的山洞，山洞口的外面现在盖起了一间房。见堪布一行人到来，看洞的僧人打开了门锁。山洞内莲师在岩石上留下的脚印依然可见，脚印前供养着酥油灯和朝圣者留下的各种供养。"这座山洞与我们去过的青朴莲师修行的山洞具有一样的加持力，凡是走进山洞的人，无量劫以来所造下的业障都可以清净。"走进山洞稍做停留后，堪布开始讲道。之后堪布吩咐弟子们拿出各种供品，自己则取出法器和金刚铃杵："我们在这里会供。”大家一起摆好供品后，随着堪布的念经声起，会供开始。

一个多小时的会供结束后，僧人搬开了挡在洞口的桌子，请堪布进入洞内。山洞不大，莲师的脚印就在眼前，堪布一面顶礼一面念诵着莲师的祈祷文。就在这时，看守山洞的僧人拿出了一个铁皮箱，打开上面的锁，里面是几块石头：“这是原来在这里的石头，上面自然显现有莲花生大士的心咒，后来石头被人打碎，找到后，我们又把石头收好。”箱子里的石头如今已经碎成了四五块，但每一块石头上都显现着清晰的藏文字母。说完，僧人将箱子放到大家头顶加持。

从扎耶巴返回拉萨已是傍晚，今天的朝圣圆满结束了。

大昭寺内供灯贴金

希阿荣博堪布拉萨朝圣即将圆满结束，今天将在大昭寺对十方诸佛行广大供养。

早上天刚亮，一些负责供灯的弟子就来到大昭寺。今天的供灯分两个地方进行，一部分是在大昭寺经堂外的供桌之上，为此大昭寺还新增添了两张供桌；另一部分则安排在大昭寺佛殿内。在佛殿内的二楼上，释迦牟尼佛十二岁等身像正前方，几天前刚刚请来的几千只供灯碗已经摆放得整整齐齐。酥油是连夜熬制的，第一批酥油熬好时恰好天刚亮。弟子们一个个提着壶，小心翼翼地将这些被称作“人间醍醐”的天然纯净的酥油倒在供碗中，然后一一点燃，此时阳光正好透过寺庙经堂顶上的玻璃照射下来，与寺内的酥油灯交相辉映。据这里的僧人介绍，一年当中，会有无数的信众发心来大昭寺供灯，但一般只能是安排在殿外的供桌上，就是大昭寺自己供灯也只能如此。在大昭寺的历史上，一年当中只有在宗喀巴大师圣诞日这一天才会在寺内大规模供灯，除此以外，极少会有今天这样的盛况。

堪布在这里得到的礼遇可想而知。

供灯一直在继续。再次来到世尊十二岁等身佛像前，与一个月前相比，弟子们都显得比较平静，大家更多的是看守着眼前这一盏盏点亮的油灯，看到哪个油碗内的酥油即将燃尽，马上为油灯碗添满酥油，然后又一个个拿出功课本念诵功课。一切都显得那么自然，只是所有的人都知道朝圣即将结束，希望自己能在佛像前尽可能多停留一会儿。

大昭寺的僧人好像也明白了大家的心愿，他们趁着寺庙还没开放，索性把二楼所有的佛殿全部打开。弟子们走近一尊尊圣像，或以头礼佛足祈祷加持，或坐在佛前念经发愿，更有不肯错过这种机会的弟子，一尊不落地来到佛像前一一供养……

中午前后，一些已经回到自己家乡的弟子给堪布打来电话，在得知堪布今天在大昭寺对诸佛广行供养后，大家都希望能够随喜。听到弟子们的愿望，堪布也爽快地答应了，但不久堪布就发现，此时的自己已是囊中羞涩，已经没办法为弟子们垫付供养。无奈之下，堪布不得不请身边的弟子帮忙。看来朝圣前法王如意宝对自己这位心子的“授记”真的太准确了，在这个世界上真的没有谁比法王如意宝更了解堪布了。

下午，堪布来到了大昭寺，在与寺庙的僧人联系后，拉巴劳师父陪堪布来到觉卧佛像前，堪布亲自点燃了佛像前的酥油灯供养。此时，除跟随堪布来拉萨朝圣的汉藏弟子外，还有拉萨当地的信众，包括前几天在甘丹寺遇到的五明佛学院的几十位僧人也都闻讯赶到大昭寺，准备参加堪布今天的贴金供养。不多时，大昭寺内外就聚集了数百名信众，大家都等着与堪布一起供养诸佛。

下午 2 点钟左右，堪布又一次登上安放觉卧佛像的基座，坐在佛像前双手合十，随即大昭寺的僧人开始为觉卧佛像贴金供养，经堂内的信众也跟着堪布念经祈祷。现场几百位佛子整齐划一的诵经声再次在这座圣殿内响起。佛像前供养的几千盏酥油灯熠熠闪光，诵经声与酥油灯的光明此时汇聚在一起，让这座古老圣殿充满了温暖和力量，而这样的温暖和力量此时也在加持着所有人的心。

在为觉卧佛像贴金供养后，贴金的队伍又跟着堪布来到对面的莲师像前，然后是藏王松赞干布、文成公主、文殊菩萨、千手千眼观世音菩萨……与以前一样，贴金的僧人走到哪里，几百位朝圣的信众就在堪布的带领下在贴金的佛像前共同念经发愿，回向。大殿的佛像贴金圆满后，僧人又将大昭寺平时一般不对外开放的佛殿逐一打开，为里面供奉的佛像贴金供养，包括在大昭寺墙壁上自然显现的几尊佛像，甚至几位弟子前几天被允许放在觉卧佛经堂内祈求加持的佛像，也被僧人们一起贴上了金。“今天在这里开光加持的佛像，加持力一定不可思议啊！”看着弟子们手捧刚刚贴过金的佛像，拉巴劳师父也用汉语对大家说道。诵经声在这座神圣的雪域圣殿中久久地回荡着。

相信今天的情景会让所有经历过的人都终生难忘。

两三个小时后，贴金圆满结束。在堪布准备乘车离开大昭寺时，信众将堪布的车团团围住，一条条供养的哈达向堪布的车抛去。

离开大昭寺后，希阿荣博堪布在拉萨的朝圣至此圆满结束，吉祥如意！

一尊纯金的文殊菩萨像

这天一早，弟子们大多乘车赶往机场，返回家乡。上午多登来到堪布的住处，堪布刚到拉萨时委托他找工匠打制的纯金文殊菩萨佛像这天正好圆满完成。堪布从多登手中接过佛像，仔细端详：佛像有一拃多高，全身金色，工艺精湛，无比庄严。堪布为佛像献上了哈达并放到头顶祈祷，然后又将佛像捧在手上再次仔细端详，欢喜之心溢于言表。看着堪布如此欢喜，弟子们也无不赞叹堪布此次朝圣殊胜圆满。“供养法王，一定要供养法王！”手捧佛像的堪布好像在与身边的弟子说，又好像在自言自语。最后堪布手捧佛像让弟子们拍下了一张照片。

待此次朝圣圆满结束后，希阿荣博堪布返回成都，没有休息就立即前往法王如意宝的住处拜见法王，在向法王如意宝汇报完此次行程后，堪布捧出这尊纯金文殊佛像供养给了法王。“非常庄严，非常庄严。”在仔细端详了这尊佛像后，法王如意宝也显现出了欢喜之情。随后，法王如意宝就将这尊佛像放在了自己的床头。直到当天晚上，法王如意宝还对前来为自己治疗的医生说：“这尊庄严的文殊菩萨像是我的爱子希阿荣博从拉萨朝圣回来后供养我的。”法王如意宝当时欢喜的表情，现在还让这位医生记忆犹新。

这天下午，拉巴劳师父亲自来到了堪布的住处，他特意为堪布带来了在大昭寺觉卧佛像身上的全套法衣：“仁波切，这套法衣已经在觉卧佛像上供养了八年多，来拉萨朝圣的佛弟子都想得到这样的圣物，但只有一些因缘殊胜的可能会得到一件，而能恭请到觉卧佛像身上供养了这么久的全套法衣的绝不多见。现在我们将这套法衣结缘给您。将来您在这边有什么事情，直接给我打电话就可以。”看来这段时间的相处，这位师父与堪布已经结上了很好的因缘。说着，拉巴劳师父又拿出一包大昭寺制作的觉卧佛像的唐卡，与跟随堪布朝圣的弟子们结缘。现在供养在扎西持林觉卧佛经堂内的觉卧佛像身上的法衣就是这件。

看天色不早，这位师父又请堪布再次去大昭寺。这次堪布没有带信众。在拉巴劳师父的示意下，寺庙的僧人特意为堪布打开了大昭寺平时绝不对外开放的几座特殊的佛殿。走进圣殿，僧人介绍道："现在这里的陈设，包括法座的安放、法器的位置等依然保持着以前的样子。"在这极难得见的圣迹前，堪布献上了供养和哈达，开始顶礼，然后是长时间的念经祈祷。

行程圆满离开西藏

希阿荣博堪布拉萨的朝圣已经圆满结束，今天是离开拉萨的日子。

多登一早就来到堪布的住处，一个多月的相处，特别是跟随堪布朝拜了那么多圣地，目睹了堪布不可思议的功德，此时的多登已经对堪布生起了更大的信心。而这样的信心更使其在面对今天的分别时，显得有些依依不舍。今日一别，真不知何时才能再见。

多登开着车，沿着大昭寺的八廓街、药王山，穿过布达拉宫前的广场，慢慢地驶出市区。雪域圣城开始在人们的视线中渐渐消失，再见拉萨！

一个多小时后，车顺利抵达了拉萨的贡嘎机场。多登默默地下车，帮着整理行李。其实堪布的大部分行李已经在前几天由提前返回的弟子带走，只是大昭寺、小昭寺赠送给堪布的觉卧佛像和不动佛像的法衣，由堪布随身携带。看着忙碌的多登，堪布忽然觉得自己不久前在拉萨做的这条披单显得有些“长”，于是马上把多登叫到身边，亲手将披单裁下一条，交给了这位虔诚的佛弟子。多登双手接过堪布赐予的这一特殊“礼物”，激动得说不出话，泪水在这个朴实的藏族人的眼中打转。这应该是圆满承侍上师朝圣一个多月的他得到的最好的“回报”。

上午 10 时左右，飞机从贡嘎机场腾空而起，圣城拉萨渐渐远去。

雪域佛国的美景再一次映入了堪布的眼帘，但与来时不同的是，此时的希阿荣博堪布不仅带着诸佛的嘱咐，更带着自己在圣地发下的誓愿。

飞机继续在空中飞行，渐行渐远，直飞向远方的天际。

结语

十年前，希阿荣博堪布在西藏历时一个多月的朝圣，在我这个凡夫的眼中大概就是这些内容，当文章即将完成时，我心里掠过一丝轻松，不管文章的水准如何，毕竟心愿总算实现了。

当年跟随堪布朝圣的情景还历历在目，但转眼间十年的光阴已去。

在撰写文章的过程中，我不止一次地翻看当年朝圣时的照片、视频，发现其中有的人已经舍俗出家，有的人正在依止圣地精进修行，而有的人已经离开了人世……

“那次朝圣回来，我心里一直有些遗憾：因为当时扎西持林的事务繁多，我的侍者丛达、丹增尼玛和达森堪布没能和我一起去朝圣。而跟随我一起前往圣地朝拜发愿也是他们多年来的心愿。如今，在圣地发下的誓愿有的已经实现，有的还没实现，我真希望所有的愿望都能实现啊！”在得知此文已经完成后，希阿荣博堪布也发出了这样的感慨。

本文撰写过程中，得到了很多师兄的帮助，大家提供的视频、图片与回忆，才是本文最终完成的关键，在此一并感谢。

2012 年 2 月 12 日

第二章

五台山

旅游小贴士

• 塔院寺

塔院寺位于五台山佛教中心区台怀镇，是五台山“五大禅林”之一，也是“青庙十大寺”之一。原是显通寺的塔院，明代重修舍利塔后独成一寺，因院内有大白塔（全称为“释迦牟尼舍利塔”），故名“塔院寺”。大白塔在群寺簇拥之下颇为壮观，人们把它作为五台山的标志。

• 菩萨顶

菩萨顶位于五台山灵鹫峰上，相传是文殊菩萨居住之处，故又名“真容院”，为五台山“五大禅林”之一。菩萨顶始建于北魏孝文帝时，明永乐以后成为五台山黄庙之首。清康熙、乾隆二帝曾数次朝拜五台山，宿于菩萨顶，并撰写碑文。

• 文殊发塔

文殊发塔，又称“小白塔”，位于塔院寺方丈院后，和方丈院仅一墙之隔。文殊发塔的形状和大白塔相仿，但没有大白塔高。相传，文殊菩萨显圣时遗留的金发就藏在塔下，故名。

• 善财洞

善财洞位于台怀镇往黛螺顶上山的半路上，背倚黛螺顶，面临清水河，是传说中顺治皇帝出家的地方。善财洞分为上下两院，下院是主寺，称为“下善财洞”；上院（山腰处）有一石洞，相传建洞时曾掘出狮子吼文殊、弥勒、善财三尊铜像。其中善财童子像造型优美，比例适当，于是后人把这个石洞称为“上善财洞”。

• 清凉尸林

清凉尸林紧邻上善财洞。这里是大圆满祖师西日桑哈尊者虹化的地方，因而闻名遐迩，加持力可与印度圣境的八大尸林相媲美。

• 黛螺顶

黛螺顶位于台怀镇中心寺庙群以东陡峭的山脊上。从山下仰望，只见半山腰间又耸起一座小山，形如大螺，加之盛夏时草木萋萋，呈一片黛青，故名“大螺顶”，又称“黛螺顶”。黛螺顶始建于明成化年间，寺内还有乾隆年间御制的大螺顶碑记。寺内供有五方文殊菩萨，登上一千零八十级石阶来此朝拜，等于登遍五座台顶朝拜五方文殊，俗称“小朝台”。

• 金刚窟

金刚窟位于台怀镇花坊村后的楼观谷左崖畔。据说它与北台顶的天井相通，是五台山最神秘的一个地方。据佛教典籍记载，楞伽鬼王造的天乐一部及金纸银书毗奈耶藏、银纸金书修多罗藏，都藏于此。窟外建有太平兴国寺和般若寺，但在1968年被炸毁，只留下一座明代的古塔。

• 清凉寺

清凉寺因著名的文殊圣迹“清凉石”而得名。据传，此石为文殊菩萨向龙族所借，龙族耕云布雨之后浑身发烫，但只要一躺在这块大石头之上，就立马感到清凉舒爽。文殊菩萨曾于清凉石上讲经说法，故此石也称“曼殊床”。寺庙原建于北魏孝文帝时期，规模宏大，今寺是 20 世纪 90 年代重修的。

• 殊像寺

殊像寺创建于元代，与显通寺、塔院寺、菩萨顶、罗睺寺并称“五大禅林”，又为“青庙十大寺”之一。因往昔皇帝和太后常驾临此寺，故布局较为考究，园林气息浓厚。殊像寺文殊殿主供的文殊菩萨，是五台山最大的文殊菩萨像。

塔院寺

菩萨顶

文殊发塔

善财洞

清凉尸林

黛螺顶

金刚窟（山洞和舍利塔）

清凉寺

殊像寺

佛经中明确宣讲的文殊菩萨道场——五台山

2003年初，色达喇荣五明佛学院希阿荣博堪布在京驻锡期间，时逢汉地的癸未年春节，新年伊始的正月，亦是佛教的神变月。在这个月的初一和十五这两天，堪布组织北京的居士进行了护生，被解救的众生生命有几百万条之多。护生结束后，堪布决定携母亲等眷属朝拜位于山西境内的五台山。得知此意愿后，我们几个弟子亦向堪布祈请同行，并得到开许。

“我们在神变月期间的护生，已经利益了很多众生，到五台山我们一定要好好发愿，将功德回向众生。此次朝圣，我们要时时刻刻地祈祷。我没有什么神通，文殊菩萨的显现也不能确定，但根据佛经的授记，朝拜五台山的人都一定能见到文殊菩萨。”临行前堪布对我们讲道。

五台山因山间有五峰耸出，山顶无有林木，如垒土之台，故称“五台”。又因此山冬有坚冰，夏仍飞雪，无有炎暑，亦名“清凉”。释迦牟尼佛曾于《文殊师利宝藏陀罗尼经》中授记：“于南赡部洲东北方，有国名大震那（中国），其中有山，名曰五顶。文殊童子游行居住，为诸众生于中说法。”

群山环绕的五台山
台怀镇寺庙群

依世尊授记，十方三世诸佛菩萨之智慧化身文殊师利菩萨现携一万圣者眷属，宅此清凉圣境，居于五顶之巅。于浊世持释教明灯，以济群迷。挥智慧宝剑，斩众生暗苦苗芽。

自世尊以后，诸多来自印度的和藏传佛教的祖师亦至此朝圣。

1987年，法王如意宝因度化汉地众生的因缘成熟，应文殊菩萨的劝请，来此朝圣。当时希阿荣博堪布等一万多弟子亦随法王至此。以此为始，法王首开密法在汉地广弘的先河。时光荏苒，十六年后，曾被法王如意宝授记为弘扬宁玛派教法的绍圣者，已在汉地广利众生的堪布又一次携眷属来到五台山，朝礼大圣文殊菩萨，这一次又会是什么样的缘起呢？

3月28日，堪布一行由北京出发，经过七八个小时的行程，终于到达了清凉圣境五台山。

三月的五台山，仍是寒风刺骨，台顶之上，冰雪覆盖。堪布一行由同行的师兄安排住宿。

入住后，天色渐晚，大家也都感到有些疲惫，准备好好休息一下。这时传来堪布法旨：现在去塔院寺，朝礼佛陀的舍利塔。我们不敢耽搁，马上上车随堪布前往位于五台山核心地区的塔院寺。

塔院寺是五台山最著名的寺庙之一，该寺以供奉佛陀真身舍利的大白塔而得名。此塔是两千多年前由信仰佛教的古印度国王阿育王始建，自汉迄今，明代又有重建，为五台山第一圣境。

到达塔院寺后，寺内已没有什么游人。堪布静静地在白塔边的佛殿的台阶上坐下，弟子们也依次跪在堪布的身边。望着这熟悉的景象，堪布好像又回到了十六年前，他慢慢地说道："1987年我随法王来五台山，法王在五台山传法，主要在塔院寺。法王传讲佛法时就坐在这上边的台阶上，我当时在法王的右下方。此塔装藏的是佛陀的真身舍利，与佛陀没有任何区别。我们作为佛弟子，任何时候都不能忘记释迦牟尼佛的恩德，如果释迦牟尼佛不为我们传讲佛法，众生将永远无法从痛苦的轮回中得到解脱。”

“五台山是印度、藏地和汉地共同承认的文殊菩萨的净土，法王在 1987 年来此朝圣时还几次亲见文殊菩萨。只是由于凡夫的业力才无法现量见到，但我们在这圣境中一定要有清净观，因为文殊菩萨的显现和他的智慧一样，不可思议。我们的心中要时刻祈请文殊菩萨的加持。从现在起，我们每个人在这次朝圣中，都要圆满念诵文殊菩萨的心咒十万遍，作为对文殊菩萨的法供养。”

“我们此次朝圣，会在很多极具加持力的三宝所依前发愿，发愿对于佛弟子来讲很重要，你们不要为个人的健康、发财等世间事业的圆满发愿，因为那样的发愿没什么实质意义。发愿时要以无上殊胜的菩提心来摄持自己的相续，发愿为了一切众生的解脱而修持佛法，成就无上菩提。”

简短的开示后，堪布站起身，走到法王当年讲法的台阶前，深深顶礼，同时念诵法王如意宝的住世祈祷文。弟子们也跟随在堪布的身后一起顶礼法王昔日的法座。

在多次顶礼后，堪布忽然在法王的法座前以头触地，长跪不起，这一景象让弟子们都有些不知所措，此时谁也不敢发出一点声音，现场一下子安静了。

不知过了多久，堪布慢慢起身，这时弟子们发现堪布的眼睛已被泪水浸湿。

在佛陀真身的舍利塔前，在集十方三世诸佛菩萨之智慧于一身的文殊菩萨的净土之中，堪布在自己法父曾经安坐的台阶前恭敬顶礼。即将落山的夕阳有幸目睹了这一切，此情此景也深深地刻在了每一个随行弟子的心中。

堪布的法父法王如意宝在雪域五台，于近万弟子前传讲佛法时，每一次提及自己的根本上师托嘎如意宝时，定双手合于胸前，数度哽咽，不能自已。

忆念自己的大恩上师时，二位圣者的行仪是何等的相似。圣者们此时的心境以凡夫的分别念根本无法了知，但不知为什么，直到今天，每每想起法王如意宝哽咽的声音，想起上师在法王法座前浸湿的双眼，都会让我们感动不已。

也许释迦牟尼佛饶益众生的尊贵教法，文殊菩萨超胜于一切人天的殊胜智慧，就是在圣者们哽咽的声音中，在晶莹的泪水里传承至今的。

顶礼后，堪布开始带领弟子们转绕佛塔……

菩萨顶：文殊菩萨显现真容的地方

第二天，师兄们起来得很早。在两三天的时间里圆满念诵十万遍文殊菩萨的心咒，对于我们这些平时不精进的弟子来讲，绝不是件轻松的事，有的师兄甚至连吃早饭的时间都不肯放下念珠，唯恐不能圆满完成。饭后，堪布一行来到了位于台怀镇的菩萨顶。

菩萨顶依山势而建，因此山形酷似印度的灵鹫山，古亦被称为“灵鹫峰”。1987 年法王如意宝朝拜五台山时，就曾驻锡此处。

进入寺庙后，堪布来到位于寺庙一侧的大殿，与其他汉地的佛殿不同，此殿中供奉的是藏传佛教前译宁玛派大圆满祖师布玛莫扎和藏传佛教中最具神威的智慧护法神格萨尔王。此间佛殿对面的佛殿中，供奉着藏传佛教的祖师莲花生大士。

“这些佛像是法王在 1987 年来五台山时造的，做的时候我也参与了。这么多年了，佛像都有些旧了。”堪布向我们介绍时，语气中略带惋惜之情。

在汉地，能见到如此庄严的密宗佛像，令我们这些修学密宗的弟子兴奋不已，更何况这些佛像是法王当年安放在此的，的确令人信心倍增。弟子们开始在佛像前以供养身、口、意的方式行大礼拜。

1987 年法王如意宝在五台山菩萨顶祖师殿的莲师像前。这尊由法王督建的莲师像，是无上密法在汉地乃至全世界广弘的殊胜缘起

礼毕，堪布带领弟子开始念诵《八吉祥颂》《供养仪轨》《发心仪轨》和《普贤行愿品》等甚深经咒。这些经咒，多为色达喇荣五明佛学院僧众平日必须念诵的用于祈祷诸佛菩萨加持和发愿度众的功课，加持力不可思议。

念诵完毕，堪布坐在原地，对弟子讲：“1987 年我和法王来五台山，在准备返回藏地的时候，我曾在此供灯。此次朝圣，我们也要供灯，供灯对于我们修行人增上智慧、遣除心中的无明是有很大帮助的。”堪布说着，拿出了几千元钱，弟子们也纷纷解囊。不一会儿，几万元的供灯款集中在了堪布的手上。

我们开始与寺庙联系供灯事宜。寺庙的住持不在，由寺内僧人接待我们。为堪布庄严的法相所折服，这个僧人将堪布迎请到住持居住的房间。进入房间后，堪布在正中的沙发上坐下来，寺庙的僧人为堪布献上了五台山特产的金莲花茶。

联系完供灯事宜，堪布决定下午来此供灯。就在准备离开时，这位先前有些严肃的僧人突然拿出了一个绘有地藏王菩萨像的铁盒，笑着说："给你们带一点金莲花茶回去吧。"对于主人的热情，深知堪布多年来一直坚持从不动用寺庙财物的弟子们，未等堪布开口便已谢绝。面对弟子们的推辞，堪布笑而不语，等弟子们稍稍安静下来以后，微笑着对这位僧人说："把这些茶都给我们吧。"同行的一位汉族觉姆真是心有灵犀，马上从身上拿出几十元钱，递给僧人，说道："请把这个装茶的桶也一起给我们吧。"这一场景让刚才还是一头雾水的我们突然意识到这可能又是一个非常吉祥的缘起。这意味着什么呢？

在文殊发塔前供灯祈福

从菩萨顶出来后，我们又回到了昨天到过的塔院寺，与该寺的僧人联系在佛陀舍利塔和舍利塔东侧的文殊发塔前的供灯事宜。

这座文殊发塔是五台山塔院寺中的又一圣境。相传在北魏年间，文殊菩萨为宣示众生平等，化作一贫女来到寺庙乞食，并留下一缕头发。僧人遂于此处建一佛塔供养。至明万历年间，由方广道人重修，并现见菩萨头发，发色若金。到了近年，又由当时住于五台山的汉地高僧寂度大和尚重新整修。

供灯事宜联系得很顺利，而此时已到中午，我们便返回住处。

午饭后稍事休息，我们便在堪布的带领下来到了菩萨顶。此时寺内所有的佛像前和大院供桌上已经摆满了油灯，在寺内僧人的引领下，我们开始点燃一盏盏油灯。

今天的天气格外好，供灯时，不知是因为心情的原因还是别的什么，我们身上都感受到了一丝暖意。这时寺内也渐渐来了一些到此朝拜的信众。看到我们供灯的场景，大家都围拢过来，合掌随喜。

“请大家一起来点灯，供养佛菩萨。”堪布此时开始招呼在场所有的信众。于是寺内所有的信众不管认识的、不认识的，都一起加入了供灯的行列。这简直成了“觉悟家族”的一次欢聚，气氛欢乐祥和。

在菩萨顶供灯后，我们又随堪布来到塔院寺。寺内的僧人已将供灯放在佛陀的舍利塔前和文殊发塔的四周。信众开始供灯。

堪布在文殊发塔前点燃酥油灯的时候，

在菩萨顶供灯圆满后，希阿荣博堪布带领弟子来到文殊发塔供灯

一件神奇的事情发生了：在文殊发塔的上方，不知从哪里飞来一只大鸟，绕着塔尖右转盘旋。五台山鸟类繁多，但大家对这种鸟不要说名字，甚至连见也从未见过。弟子们都觉得有些不可思议，而堪布好像对此早已了然，带领我们在塔前顶礼。“大鸟”在空中看着我们供灯、顶礼，不知疲倦地盘旋了几个小时，直到油灯快熄灭的时候才缓缓离去。

此时弟子们想起了堪布临行前所讲的我们此次朝圣可见到文殊菩萨的话和文殊菩萨的显现不可思议的开示，我们好像恍然大悟。望着渐渐远去的“大鸟”和身边的上师，在场的人都有一种想哭的感觉。

供灯结束后，堪布开始带领大家念诵《供养仪轨》和《普贤行愿品》等经文，与大家一起发愿、回向。

身穿红色僧装的堪布法相庄严，被点燃的酥油灯也闪出金色光芒，再加上蓝天、白塔和山间的庄严庙宇，在这春寒料峭的圣境中，堪布又为我们呈现了一幅美妙的画卷。

供灯在佛教，尤其在藏传佛教密宗中是非常重要的，是密宗外续等所共称之五供之一，密意甚深。而从一般意义上讲，酥油灯的光明象征着可以驱散众生心中无明黑暗的佛陀智慧，而供灯的人也可以由此增上福慧，今后生生世世转生于有佛法住世的光明劫中，听闻佛法。而在供灯后的发愿和回向，可以让六道众生于未来时得遇光明佛法。

在喇荣五明佛学院，法王如意宝每天都在经堂中向十方三世诸佛菩萨供养3000盏酥油灯，二十余年，从未间断。可能因此缘起的力量，再加上法王如意宝的不共愿力，使得法王度化众生的事业如此无边广大。今天，被法王如意宝授记于未来广弘教法的希阿荣博堪布于此文殊净土，率弟子以及一些不曾相识的信众一起供灯发愿，这一不可思议的缘起的力量，在无边的法界中又会呈现出怎样的光辉呢？此中答案，只能等待堪布于未来向我们揭晓。

善财洞念诵修法仪轨

供灯结束后，天色已渐暗，堪布又带我们来到了位于黛螺顶脚下的善财洞。

善财洞因昔日善财童子曾于洞中修行而得名。后诸多来自印度的和藏传佛教的圣者都曾于此洞中修持甚深密法。

1987 年法王如意宝来五台山朝圣期间，于此地闭关。而堪布当时因得法王法旨，对家乡德格一带的寺庙进行整顿，诸多法务急需处理，不得不提前结束朝圣。在返回藏地前再亲见一次自己的大恩上师，是肩负重任的年轻堪布当时最大的愿望。无量慈悲的上师格外恩准，于自己闭关的洞中接见了这位心爱的弟子。

于此时此地见到自己的大恩上师，年轻的堪布已无法自已，泪流满面；而如慈父般的上师则一直将手放在这位心子的头上，不断地抚摸、加持。在这古老的山洞里，二位圣者的心融为一体。待堪布稍稍平静，法王特意为这位心子传承了大圆满修行窍诀。除留下路费以外，堪布将身上钱款全部供养了自己的大恩上师。临行前，堪布因向法王祈请而得到了法王的许多甘露，并将之带回了自己的家乡。

“善财洞是当年法王闭关时见到文殊菩萨的地方，在见到文殊菩萨后，法王的金刚智慧中自然流露出《亲见文殊菩萨时发愿之金刚道歌》和可使凡夫于一生中成就无上佛果的窍诀《忠言心之明点》。我当年回家乡前就是在这里见的法王，见到法王后，我哭得很厉害。我这一辈子可能哭过四五次吧，都是在法王面前。我们今天要是能在洞中闭关就好了。”坐在洞口，堪布对我们讲道。弟子们依次坐在堪布的身边。

与在其他圣境前不同，此次堪布在念诵了皈依、发心等仪轨后，

在善财洞口独自念诵“阿”字修法仪轨后留影

开始独自念诵“阿”字修法仪轨。

此“阿”字修法仪轨，为近代宁玛派最杰出的上师、文殊菩萨于雪域藏地的真实化身——全知麦彭仁波切所造。法王如意宝于五明佛学院曾在光明梦境中亲见全知麦彭仁波切，并由全知麦彭仁波切于梦中授予“阿”字修法的灌顶。后法王于根基相应的弟子前传承了此法。所以“阿”字修法的传承极为清净，密意幽深广大，属无上大圆满法。

山洞中回响着堪布念诵的法音。

古老而极具加持力的山洞里，听着上师念诵祖师们从本初的金刚智慧中自然流露的无上法要，我们也被一种从未感受过的静谧、安宁的气氛所包围，相续中的烦恼、执着此时也好像随着法音慢慢地消失了……

念诵完毕后，堪布忽然对身边的彭措拉姆师兄说：“我们照个相吧。”好像还停留在刚才状态下的彭措拉姆师兄慌忙拿出照相机，在善财洞前为堪布拍了照。

清凉尸林：诸多佛教祖师修行的圣地

在善财洞朝礼后，天色已经有些昏暗。我们又跟随堪布从寺庙的后门出来，没走多远，隐隐约约地看到了一片墓地，这就是著名的清凉尸林。

清凉尸林，在印度和我国西藏地区，早已闻名遐迩，其加持力可与印度圣境的八大尸林相媲美。于尸陀林中修行，可使修行者行诸禁行，迅速断除我执，生起对众生的无量悲心，速证佛果。

昔日莲花生大士、大圆满祖师西日桑哈等曾于此地入甚深禅定，修持无上大圆满法，并获得虹身成就。而大圆满成就者布玛莫扎祖师在藏地弘法十三年后，行至五台山，于此间发愿：在此贤劫千佛的教法未隐没前，常驻此地，其化身每一百年到藏地一次，度化众生。

1987年希阿荣博堪布跟随法王如意宝朝礼五台山时，戴着当年布玛莫扎尊者的法帽拍照留念

在1987年堪布随法王来此朝圣时，一位高僧曾拿出一顶古老的班智达帽交给堪布，“这是当年布玛莫扎尊者的法帽。”高僧介绍道。堪布接过法帽，戴于头顶，拍照留念。“这个缘起非常殊胜。”每每说起五台山，堪布都会想到此事。

到了清凉尸林，大家跟随堪布席地而坐。这时天已经暗了下来，一排排的坟墓静静地躺在古老的尸林中。

对于大多数世间人来说，谈论死亡是很不吉的。但释迦牟尼佛的教法为我们真正地揭开了生死变迁的秘密，每一个佛弟子都会直面死亡，并以时时刻刻忆念无常死亡来提醒自己精进修持佛法，早日脱离生死苦海。

此时堪布开始念诵古萨里修法仪轨。这个仪轨是念诵者以悲心为先导，通过禅定观想的力量，将自己的身体布施给在恶趣中感受无量痛苦的众生，使他们获得暂时的安乐，并由此缘起，让这些众生与佛法结缘，不久即可获得究竟解脱的利益。

看来现在正在此处聆听堪布念诵古萨里修法仪轨的人和非人等众生，其脱离苦难，走向解脱之路就在眼前。福报可谓大矣！

在堪布念诵完仪轨后，有几个到善财洞朝拜的信众好像认出了堪布，纷纷来到堪布的身边。顶礼后，有的居士向堪布请堪布的像章。见到这些不认识的居士对堪布有如此信心，笔者一边随喜，一边从自己的身上取下一枚堪布的像章与这些师兄结缘。就在这时，堪布几年前赐给笔者的一颗极具加持力的念珠意外地落在了地上，这可是笔者一直带在身上的至宝，大家马上一起帮助寻找。但这颗神奇的念珠竟已不见了踪影。时至今日，此事仍让笔者甚觉惋惜。

就在我们即将离开清凉尸林的时候，堪布让我们将自己的头发、指甲等剪下放到此处，“此圣境的加持，会为你们将来的往生遣除许多障碍。”弟子们马上尊法旨而行，心中充满法喜。

回到住处，已是晚上八九点钟了。

黛螺顶：供奉着五座台顶的五方文殊菩萨

此次朝圣之旅已过半，还未完成念诵十万遍文殊菩萨心咒任务的弟子匆匆吃过晚饭，又马上手拿念珠回到各自的房间。

新的一天又开始了，堪布一行来到了位于台怀镇旁边的黛螺顶。

黛螺顶（又称大螺顶）因建在一座形状酷似海螺的山顶而得名。在明清时期，该寺僧人把五座台顶的文殊菩萨的五种法像集中塑在一起，这样来到这里一次就能朝拜五尊文殊菩萨，所以也叫“小朝台”。据说如有人能登上黛螺顶，就可见到文殊菩萨的一个真实化身，所以每个来此朝圣的人都必在自己所见的人中认真寻找，黛螺顶也因此而名扬五台山。

上黛螺顶要攀登一千零八十级台阶，这对已年逾古稀的堪布母亲可不是件容易的事。堪布双手搀扶着母亲，缓缓向上，每当母亲体力不支时，堪布总是随机开个玩笑，以消除母亲的疲劳。

在蔚蓝的天空下，望着四周环绕的雪山，这酷似藏地的景色让堪布的心情格外好。不知是不是因为于此可见到菩萨化身的传说，一路上不时有信众见到法相庄严的堪布后，争相过来请求与堪布合影。堪布微笑着一一满足了他们的愿望。

到达山顶后，堪布一行人来到了寺内供奉五方文殊的正殿。

这五尊文殊佛像，乃是文殊菩萨应不同众生的根基而示现的不同显现。佛像分别手持象征智慧与方便双运的宝剑和青莲花，还有象征慈悲与智慧双运的弯弓与利箭，而佛像身后的经函则表示文殊菩萨已通达一切万法实相与诸佛的究竟密意。

五尊佛像都有 2 米多高，全身金色，目光宁静，各持法器，极为庄严。

堪布坐在佛像前带领我们念诵《文殊礼赞》和《法王如意宝住世祈祷文》，祈祷自己的大恩上师法王如意宝长久住世，最后念诵《普贤行愿品》发愿、回向。

在“万圣秘宅”金刚窟念诵“阿”字修法仪轨

今天是我们此次朝圣的最后一天，在诵完经后，我们马上从黛螺顶下来，来到了五台山的又一个圣境——被称为“万圣秘宅”的金刚窟。

在五台山的诸多灵迹当中，金刚窟可以说是名声显赫。唐朝时，北天竺僧人佛陀波利于此处现见文殊菩萨，并应文殊菩萨嘱咐，将《佛顶尊胜陀罗尼经》迎请至汉地，大圆满祖师布玛莫扎、班智达桑吉雄等也曾于此处的山洞闭关修行……

但现在，灵踪遗窟已不复存在，诸位祖师的诸多圣迹在完整保存了几千年后，也在数十年前毁于一旦。这在让人深感世事无常的同时，也不得不因末法时代众生福报的浅薄而感慨。

“这是班智达桑吉雄的舍利塔。”面对现在仅存的一座 1 米多高的佛塔，堪布不无惋惜地说道。在塔的一侧，有一个山洞。“当年祖师们在这里修行，都是从这个洞中走过去的，今天我们也从这里走过去。”弟子们听着堪布的介绍，心中无不惊讶于堪布对此处圣迹中每一细微之处的熟悉程度。

从表面上看，洞不过二三十米长，但走进去，我们才感到要从山洞中走到舍利塔没那么简单。洞内寒气逼人，四周全是十几厘米厚的严冰，别说走，就是站稳都十分困难，其中有一段路简直就是在漆黑的洞中缘冰直上，难度可想而知。

堪布走在最前，洞中的冰对堪布好像没有什么影响。在洞的拐弯处和需向上攀登处，堪布还一个一个地拉着我们向上。从洞中走出来后，弟子们对刚才的情形还觉得有些不可思议。有的弟子甚至认为堪布此时显现了神通，否则怎么可能站在直上直下的冰上还可以拉别人呢？有的弟子则认为是因为堪布对洞内的情况全然了知，所以对每一处的支撑点都了如指掌。弟子们想到的这些原因也许都对，也许都不对。不管是什么原因，弟子们的确是在上师的加持下走过这一段“修行之路”的。

堪布在金刚窟的舍利塔前念诵“阿”字修法仪轨后的留影

来到舍利塔前，堪布与昨日于善财洞中一

样，念诵了大圆满“阿”字修法仪轨。这一九乘佛法之顶饰、诸佛祖师密中之密的无上心髓、威振三千大千世界的法音，在五台圣境中又一次响起。

念诵完仪轨，堪布坐在舍利塔前。笔者取出一台随身携带的宝丽来相机为堪布拍照。照片出来后，堪布看了看，说：“舍利塔尖没有照上去，再照一张。”尊法旨，笔者又在同一地点为堪布重新拍照。照片慢慢地从相机中滑落出来，堪布的影像在相纸上缓缓地显现，这时笔者发现在照片中，堪布身后的舍利塔的上方出现了两个金色光团。照相机的镜头为我们，也为将来能够与堪布结缘的众生捕捉到了这神奇的一瞬。

清凉石：五台山的镇山之宝

结束了金刚窟的朝礼，一位五台山当地的居士见到堪布，主动做“向导”，与我们一起前往距台怀镇镇中心 20 千米的清凉寺。一路上不时有冰雪阻路，我们不得不下车清雪。

清凉寺建于幽谷之中，是五台山中建造最早的寺庙之一，该寺因有一长 5 米、宽 2.5 米的“清凉石”而得名。

“此石为五台山的镇山之宝，是文殊菩萨的法座，文殊菩萨于此常转法轮。这石头上面坐几百个人也不会显得小，坐几个人也不会显得大，非常神奇。1987 年法王与数百名弟子亦曾于此石上安坐，共念《普贤行愿品》。坐在上面肯定会得到文殊菩萨的加持。”在这个神奇的镇山之宝前，堪布向我们介绍着。

1987年法王如意宝朝礼五台山时在清凉石上安坐，并带领众弟子念诵《普贤行愿品》祈祷发愿

介绍后堪布开始扶着母亲慢慢地攀登。石头有3米多高，这对于已奔波一天，腿脚有些不便的母亲可不是件轻松的事。堪布一面搀扶一面鼓励着母亲，而有时母亲也不得不将堪布的身体当作向上的支撑。每当这时，堪布总是笑着说“阿妈很厉害！”逗得弟子们也跟着笑起来。母亲在堪布的帮助下终于登上了清凉石。这看似平常的经历，此时可能是这位70多岁的老人最大的心愿。在文殊菩萨的法座前，堪布又一次为我们诠释了“人间孝道”的真正含义。

坐在文殊菩萨的法座上，堪布念诵了《法王如意宝住世祈祷文》。

念诵结束后，堪布又为此次同行的所有眷属和弟子传承了文殊菩萨修法仪轨。

藏传佛教尤为重视传承的清净，而密乘戒律的清净是传承清净的基础。在依止法王如意宝的二十余年中，堪布从未对法王起凡夫想，从未做过一件让法王示现不悦之事，密乘戒律极为清净。今天弟子们从上师处得到如此尊贵的佛法，心中充满了感激。

传法结束后，我们随行的“向导”若有所思地对笔者讲道，“这个情形我好像在梦中见到过，看来今天的缘分真是不错。”

从清凉寺返回的路上，堪布突然问身边的“向导”：“有一尊文殊菩萨的佛像，头是用面粉做的，那尊佛像在哪里？”“您说的是殊像寺，就在台怀镇。”“向导”回答道。看来我们今天找的这位“向导”还是非常合格的。

朝殊像寺　饮智慧泉

到了殊像寺，天色已暗，寺内的僧人特意为我们重新打开了殿门。来到寺庙的大殿，只见殿内供奉着一尊高约 10 米的文殊驾狻猊像，佛像庄严，为世上现存最大的文殊菩萨像，令见者肃然。

“当年此佛像即将完成之时，因一皇帝要来五台山，僧人急中生智，用面粉做成菩萨的头像放好。待皇帝走后，当僧人欲取下面粉做的头像时，此佛像开口讲话，示意僧人无须重新再做。这是文殊菩萨的殊胜显现，此佛像与文殊菩萨没有任何区别。”到了大殿，堪布向我们作了简单的介绍。

由于时间已晚，不愿过多耽误僧人的时间，堪布马上带领弟子们转绕佛像。

从殊像寺出来，“向导”又带我们来到了位于寺庙门外的又一胜迹——般若泉。

般若泉，源自唐朝。有一慧潜法师，睹五台僧俗饮水困难，于此地诵《金刚经》二十余年，终于感动天地，令地涌甘泉。而法师亦于当日圆寂。般若泉水，水质甘甜，千年当中，寒暑不绝。

看到如此清澈又极具加持力的泉水，渴望早日开启智慧的弟子们不顾天气寒冷，拿出所有能装水的容器，有的甚至将还未喝完的饮料倒掉，要将此水带回，好让家人也共享甘露。堪布此时也在泉边，以水浇头，弟子们马上跟着学起来。般若泉边顿时热闹了起来。

此时天色已暗了下来，我们所有的容器都装满了智慧之水。

在临别时，堪布赐给了我们的“向导”一本《喇荣课诵集》，“以后要好好念经啊！”堪布对这位刚刚结识的弟子提出了要求。

在从般若泉回住处的路上，眺望依然是冰雪覆盖的五顶之巅，堪布对身边的弟子慢慢地说道：“我们这一次的时间太短了，以后一定要再来此地朝圣，下一次要多住一段时间。”

3 月 31 日，我们跟随堪布从五台山返回北京，结束了此次朝圣之旅。

回京后的一天，彭措拉姆师兄兴奋地拿来了她在善财洞为上师拍摄的照片，照片中上师于洞前端坐，头上出现了瑞相。同行的弟子见到照片后，无不倍感惊讶，大家都在尽力回忆当时上师念诵时的情景，但除了那从未有过的感受以外，谁也不知道当时到底发生了什么。

对于上师的内证功德，弟子们不敢妄自揣测，但此次朝圣，在法王如意宝曾闭关的善财洞和班智达桑吉雄的舍利塔前上师不可思议的示现，让许多后来了解此事的信众增上了对佛法，尤其是对无上密法的信心，这也许是上师度化众生的不共方便吧。

此次朝圣后，随行弟子们无不深感来自上师的加持。虽然过去诸佛已经隐去，现在又身处末法时期，但在这如昙花一现的珍贵人生中能与上师结缘，我们是南赡部洲最幸运的众生。

结语

宅清凉之境，居五顶之山，昔为七佛之师，今现释迦法子。
于赡洲浊世，升万里杲日，以济群迷。
处幽涵峻岭，做狮子吼，威振三千世界。
夫大圣文殊，以度众念切，化身俱胝。

释迦牟尼佛于《佛说放钵经》中云：“今我得佛，有三十二相八十种好。威神尊贵，度脱十方一切众生者，皆文殊师利之恩。本是我师，前过去无央数诸佛，皆是文殊师利弟子。当来者，亦是其威神恩力所致。譬如世间小儿有父母，文殊者，佛道中父母也。”

我中华汉地，乃大圣文殊菩萨度化众生之道场，自汉以来菩萨化身无数，演圣教于诸方，化众生而无量。今正像既过，末时降临，佛日晦暗。

然文殊以誓愿弘深，不舍萨埵，于雪域化身无畏圆满（即晋美彭措）法王。为圣教再弘，饶益汉地有情，卯兔之年行至五台，六道处揭慧日之光，干涸地撒清凉法雨。

为使法脉永驻，代代相承，遣除众疑，法王于雪域五台近万圣众前授记：于未来时，希阿荣博将广弘圣法。

十六年后，堪布再临五台，三日中之行谊示现，随行诸人无不折服。今堪布已绍隆法王所创圣教再弘大业，饶众无数。

了解堪布之功德乃堪布众多弟子急切之望，亦可使初学弟子生起对上师之不共信心。而堪布五台之行，乃其无量功德中之一粟，为使读者诸君能了知堪布此行实情，堪布卑劣弟子俄色桑吉以拙笔如实记之。

2005 年 12 月

第三章 普陀山

旅游小贴士

- **普陀山**

大悲观世音菩萨的道场普陀山，素有“海天佛国”“南海圣境”之称，与五台山、九华山、峨眉山合称中国四大佛教名山。普陀山山海相连，风景秀丽，同时也是著名的海岛旅游胜地。

- **海印池**

海印池位于普济寺山门前，原是放生池，后植莲花，因而也称“放生池”“莲花池”，始建于明代。池水为山泉所积，池中荷花亭亭。盛夏傍晚，荷香袭人，正是欣赏普陀十景之“莲池夜月”的最好时节。

- **普济寺**

普济寺位于普陀山白华顶的灵鹫峰南麓，又名“前寺”，与法雨禅寺、慧济禅寺并称“普陀山三大禅寺”。普济寺始建于宋朝，为普陀山中供奉观音菩萨的主刹。主殿大圆通殿宏大巍峨，内供毗卢观音像，妙相庄严，东西两壁端坐三十二观音应身像。

- **法雨寺**

法雨寺又名“后寺”，建于明代，清康熙兴修大殿并赐“天华法雨”匾额，故得今名。全寺依山取势，分列于六层台基，寺外不远处即是千步沙。整座寺庙宏大高远，气象超凡，尤以九龙观音殿最为辉煌。近代高僧印光大师曾在法雨寺潜心著述四十年，寺内设有印光法师纪念堂。

• 慧济寺

慧济寺坐落于普陀山佛顶山上，为普陀山最高处，俗称“佛顶山寺”。慧济寺依山就势，主要殿堂布局在一条水平线上，显示了设计者妙用地形的高超技艺。整座寺院深藏于森林之中，以幽静称绝。大雄宝殿盖彩色琉璃瓦，阳光之下光芒四射，形成“佛光普照”奇景。于此处可看到罕见的海市蜃楼和佛光，历来有“不上佛顶等于未到普陀”之说。

• 多宝塔

多宝塔位于普济寺内海印池的南端，为普陀山三宝之一，始建于元代。塔上有很多精美的佛像，所以又名“宋佛塔”。多宝塔为五层方塔，每层塔四面均凿龛雕佛，供奉着全跏趺坐式佛像，极富元代风格。相传山僧孚中禅师云游募化时，曾得到太子宣让王等江南诸藩王的资助，因而又名“太子塔”。

• 不肯去观音院

不肯去观音院位于普陀山紫竹林潮音洞旁。始建于唐咸通年间，宋代改名为“宝陀观音寺”，专供观音菩萨。据传日本僧人慧锷从五台山奉请观世音菩萨像回国时，船经普陀山受阻，以为菩萨不愿东去，便在山上筑庵供奉，称为“不肯去观音院”，这就是普陀开山供佛之始，这里也就成了全山建寺最早的地方。

• 观音跳

观音跳海石位于普陀山龙湾岗东南濒海处西方净苑内。相传此石为观音菩萨从洛迦山漂洋过海，初开普陀山之弘法圣地时留下的足迹；另有一说是菩萨眺望大海，反观自身，修证圆通时所踏之石，故又名“观音眺海石”。此石危悬崖侧，石顶有菩萨足印沉陷，是普陀山必朝的观音圣迹之一。

• 南海观音像

南海观音像位于双峰山南端的观音跳山岗上，始建于 1996 年，立像总高 33 米，采用新型仿金铜精铸。观音像顶现弥陀，左手托法轮，右手施无畏印，庄严慈祥，已成为普陀山的标志性建筑和海天佛国的象征。

• 潮音洞

潮音洞位于紫竹林东南隅，不肯去观音院下入海处。此洞东临沧海，半浸海中，纵深约 30 米，潮水奔腾入洞口，声如雷鸣，故名“潮音洞”。一说洞口日夜浪涛不绝，声如观音讲经说法，又如千僧诵经，故得此名。洞底通海，顶有两处缝隙，称为天窗，石崖上刻有“现身处”三字。

• 善财洞

善财洞位于普陀山青鼓垒的西北麓，两面临海，形如龙首。相传为善财童子栖息、应化之地，因而得名“善财古洞”。说是洞，其实是深约 1.5 米，宽约 4 米的石缝，顶覆巨石，平整如盖。洞侧有善财洞庵，庵中大殿供奉杨枝观音像，左边为童子，右边为龙女，常年香火鼎盛，人气颇旺。

• 正法明如来铜殿

正法明如来铜殿位于普陀洛迦山主刹圆通庵内，又叫“圆通大殿”。正法明如来铜殿始建于 1998 年，集五台山显通寺铜殿、北京颐和园万寿山铜殿、普陀山法雨寺玉佛殿之众家所长，自成一款。正法明如来铜殿整体为纯铜精铸，铜门铜窗，殿内供奉的佛像也是纯铜铸成。此殿是普陀山唯一一处供奉铜佛像的地方，在全国为数不多的纯铜殿宇中也首屈一指。

• 说法台

说法台位于普陀山岛西南西天景区内，景区最高点有一块巨大的岩石，上刻“说法台”三字，字的左边凹处塑有一尊观音石像。相传这里原来没有寺庙，后观音菩萨在此讲经说法，吸引了各道众生前来听闻，旁边的二龟听法石和西天卧牛石也都因此传说而来。

海印池

普济寺

法雨寺

慧济寺

多宝塔

不肯去观音院

观音跳

南海观音像

潮音洞

善财洞

正法明如来铜殿

说法台

一尊古老的观音菩萨像

每当众生的善业福德与诸佛悲愿和合的时候，就会感得一位圣者应化世间，凡是与这位圣者结缘的有情，都会获得利益，所以圣者诞世的日子，也就成了众生的吉祥日。

11 月 10 日，是希阿荣博堪布的生日。对于有缘众生来说，这天正是这样的时刻。

时光荏苒，2012 年 11 月 10 日，堪布应化世间已经整整四十九年。依然是从这天开始，次第花开网站又一次发起了共修护生。得到消息的佛弟子，甚至包括一些还没有皈依三宝的有缘人，纷纷加入解救众生生命的行列。“大慈，与一切众生乐；大悲，拔一切众生苦。”在护生的过程中，看到曾经那么恐惧无助的生命在被解救的那一刻是如此欢愉，每个参与护生的人都被深深地感动着，真切感受到了佛法的大慈大悲。其中还没有皈依的，也因此希望能早日皈依，成为一名佛弟子。

2013 年初，护生共修圆满结束。此时刚到江南的希阿荣博堪布经过观察，决定在 2 月 2 日这天，通过网络带领参加护生共修的佛弟子回向功德，同时为发心皈依的人授予皈依。佛弟子们护生共修

希阿荣博堪布在上海通过网络直播带领信众为刚刚过去的冬季护生共修回向功德，随后前往普陀山

的善根将汇入诸佛无量的功德大海当中。回向圆满后，堪布还有一个重要的计划——前往普陀山朝圣。

2 月 2 日，信众早早来到回向的道场莲师幻化殿。因为今天要通过网络与各地的信众共同回向，几位弟子在紧张地调试着网络，确保直播万无一失。

上午 9 点，堪布来到莲师幻化殿。

登上法座，看着一张张虔诚的面孔，堪布开始为大家开示："这次共修护生已经圆满结束，今天我们一起回向功德。回向非常重要，如理如法的回向，可以让我们的功德增长广大永不灭失。在回向的时候，大家一定要以菩提心来摄持，希望众生获得暂时的安乐，最终成就佛果。不要仅仅把功德回向给自己或者自己的亲人朋友，也不要舍不得回向功德，觉得把自己的功德回向给其他有情，自己就没有功德了。不是这样。这就像一盏灯在点燃另一盏灯的时候，自己不会熄灭一样，我们回向也是这样。而且发心越广大，功德也就越不可思议。所以一会儿念诵《普贤行愿品》的时候，大家不要舍不得回向啊！"

开示刚刚结束，一位居士来到法座前："上师，这是弟子请到的一尊古老的佛像，现在供养给您。祈愿在上师三宝的加持下，众生都能生起无伪的出离心、菩提心。"说着，居士双手捧着一尊佛像举过头顶。

现场的信众被这位师兄清净的发心深深感动，大家也双手合十，随喜她的发心和功德。

接过佛像，堪布开始仔细端详，原来这是一尊不多见的站立式的观音菩萨像。佛像表情安详，双眸慈视众生，右手低垂，施接引手印，左手持莲花。佛像身后的背光用各种宝石严饰。一些经论中如是讲道：观音菩萨以站姿安住，表示菩萨利益众生无有刹那的懈怠与停息。虽然由于时代久远，佛像表面略显陈旧，但正是这种岁月的积淀，让这尊观音菩萨圣像显得更加庄严。

在共修护生圆满，即将动身朝拜普陀山的时候，得到弟子如此清净的供养，的确是一个非常吉祥的缘起。其实圣者的心本就相通相连，此时仿佛安住在普陀圣地的观世音菩萨，也正欢喜地注视着堪布一般。这也让大家对即将开始的朝圣充满期待。

听到弟子的发愿，堪布也显得异常欢喜。堪布将佛像放在弟子头顶作加持后，开始为发心皈依的信众传授皈依戒。随着堪布的弹指声响，这些通过护生对三宝生起信心的信众正式进入了佛门，踏上了解脱之路。

接着堪布开始带领信众念诵《普贤行愿品》回向发愿。

莲师幻化殿内，佛弟子的诵经声整齐划一。大家口中念诵，心中学着普贤菩萨从礼敬诸佛到普皆回向的殊胜大愿。与此同时，更多的信众通过网络参加了这场佛法的盛宴。一颗颗虔诚的心在此时此刻聚集在了一起。信众以文殊智、普贤行所印持的回向，让共修所带来的功德无边广大，而这样不可思议的善根，在圆满菩提妙果之间不会灭失。

回向圆满，已是中午时分，顾不上休息的堪布与弟子一起在莲师幻化殿内简单用餐后，再次开示道："回向已经圆满结束了，所有参加共修护生的人都将获得同样的功德。今天来之前，有弟子祈请，希望我能给大家阿弥陀佛灌顶。在现场的弟子，如果对上师和密法具足信心便可以参加。在获得灌顶后就真正进入密乘，守持清净的密乘戒律最为重要。如果有的人对密法暂时还不了解，选择不参加灌顶也可以，将来了解并生起了信心，就可以在具德上师面前祈请灌顶，这样也非常好。大家也不用担心不参加灌顶我会不高兴，这完全不会。参不参加完全看你们的信心和因缘。"简单的开示后，堪布摇动手中的金刚铃，为信众赐予了阿弥陀佛灌顶。

灌顶圆满，已是下午 3 点左右。堪布一行直接从道场前往机场。刚到机场，一位还在道场的弟子就打来电话："上师，在您离开道场不久，莲师幻化殿上空就出现了一道彩虹，彩虹非常亮丽，在空中停留了很久。"二月的江南仍很寒冷，这样的季节出现彩虹，极为罕见，听着弟子在电话里激动的声音，堪布也非常欢喜。

随着引擎巨大的轰鸣声，载着希阿荣博堪布一行的飞机冲天而起。飞机掠过烟波浩渺的杭州湾上空，飞向观音菩萨的圣地普陀山。

不到一个小时的飞行后，飞机稳稳地落在普陀山机场。从机场登岛，来到住处，已是夜半时分。

冬夜的普陀山几乎没有什么游人，远处隐约传过来的海浪拍打礁石的声音，让圣地的夜晚显得更加幽静。在这样的静谧中，一次会让无量众生获益的朝圣，悄然开始。

海印池：普陀十景之"莲池夜月"

普陀山，更准确地说，是一座坐落在大海中的岛屿。千百年来，发生在这里的一个个神奇的故事以及佛经当中的记载，让人们相信，这就是大慈大悲的观音菩萨的道场。而在虔诚的佛弟子眼中，这里的一山一水、一草一木，都是观音菩萨悲心的化现。

普陀山著名的普济寺的山门前，有一片十几亩的水面，名曰"海印池"，普陀十景之一的"莲池夜月"即指这里。我们可以用"海"来比喻众生的心性，因为众生原本平静的心性，在狂风到来时波涛汹涌，万法的本性无法现前。而“印”则指在有情业尽风停后，海面一片澄明，此时如空中朗月印入平静的海面般，真如的心性自然显露，万法的本性必定现前。所以“海印”比喻的正是圣者证悟的法界实相。这里之所以以“海印”命名，也许正是在告诉人们，观音大士所证得的本性之中能显万法，而万法的显现又不离本性的甚深境界。

清晨的海印池，清明如镜，池畔的山峦树木，尽现水中，亦真亦幻。好一番稀奇之景。

上午 8 点钟左右，希阿荣博堪布一行来到海印池畔。红黄相间的袈裟在静静的池水与翠绿的树木间显得格外醒目。刚刚站到池边，已有弟子过来向堪布汇报今天朝圣的行程。堪布一边仔细聆听，一边频频点头，此时发生在池边的这一幕，与周围的景色一起，被清晰地印在了这汪池水之中。

朝圣，就从海印池畔开始了。

普济寺：普陀山三大主寺之一

堪布一行此次朝拜的第一座寺庙是普陀山供奉观音菩萨的主刹——普济寺，这座著名的寺庙也被称作“前寺”。

走进普济寺，堪布径直来到了寺内的圆通宝殿。圆通宝殿的正中，供奉着一尊毗卢观音圣像。佛像高约 9 米，头戴佛冠，如如安坐，双目向下慈视众生。毗卢观音的两侧则是著名的观音菩萨三十二应化身像。

在《妙法莲华经 · 观世音菩萨普门品》中，世尊曾如是宣讲：观

普济寺大殿内，堪布向毗卢观音圣像供养哈达，随后带领信众念诵观音圣号，祈祷发愿

音菩萨以智慧照见众生当以何种身份度化，即在其面前化现何种身份。这三十二应化身，可以说是观音菩萨无量的慈悲、智慧和神通的化现。所以无论众生遇到怎样的苦难或者身处何种险境，只要至诚祈祷观音菩萨，菩萨必定闻声救度，让众生脱离苦难。在佛教的经论中，菩萨救护众生的事例屡见不鲜。

走进圆通宝殿，堪布向毗卢观音圣像顶礼供养，并在佛像的供桌前，献上了一条吉祥的哈达。

献上哈达后，堪布伫立在佛像前，长时间念诵观音菩萨圣号，祈祷发愿。

待后面的弟子走进圆通宝殿，堪布为大家开示道："普陀山是观音菩萨的道场，我们在这里听到的看到的，都要视为观音菩萨的显现。来到圣地，大家一定要有清净观，不要有太多的分别念。一会儿由几位出家人带领大家在这里念诵《普贤行愿品》《愿海精髓》和《文殊大圆满基道果无别发愿文》，你们一定要好好发愿。发愿要为了众生的解脱而精进修行。另外，我们这次来朝圣，只有几天的时间，机会非常难得。在朝圣期间，大家不要散乱，不要说绮语等，要多念诵观音心咒。莲师曾经说过，在圣地修行一天，比在一般的地方修行一年的功德还要大。同样的道理，如果发心不清净或者内心散乱的话，过失也会增上很多倍。”简单的开示后，堪布再次来到毗卢观音像前，深深地弯下腰，以头顶礼圣像的莲台，念诵经文。弟子们依教奉行，在几位出家师父的引领下，聚在一起，开始念诵《普贤行愿品》等经文。

在圆通宝殿内，在观音菩萨为利益众生显现的三十二应化身像前，引导众生走向解脱道的上师带领着虔诚的弟子，发下了利益众生的广大誓愿。诵经结束，大家又开始从右侧转绕毗卢观音圣像，一些前来朝拜的信众看到这番景象，也不由自主地跟着这股朝圣的人流一起转绕。转绕时，几位来自藏地的出家师父情不自禁地唱起了观音菩萨的心咒“唵嘛呢叭咪吽”。代表观音菩萨微妙本心的六字大明咒声，在圆通宝殿内长久地回荡。以观音菩萨的愿力，只要听到这六字大明咒的有情，相续中必定种下解脱的种子，未来为观音菩萨所摄受。所以六字大明咒也被誉为“诸佛宝冠上的如意宝王”，是众生趣入解脱的无上妙道。

走出圆通宝殿，弟子们依然不停地念诵着观音心咒。这时，普济寺院内的一棵香樟树引起了堪布的注意。堪布径直走到这棵树旁，大家也跟到树前，打量着眼前这棵多少有些与众不同的大树。此时，树下的几只松鼠，见到有人围过来，非但没有丝毫恐惧，还欢快地在人前跳来跳去，甚是可爱。见此，几位弟子还忍不住上前逗了逗

看到普济寺院内这棵千年香樟树，堪布径直走过去合十念诵，似在引导这棵树皈依观音菩萨。后来有弟子了解到这棵树颇有来历

这几只可爱的小家伙。

“顶礼供养皈依大悲圣者观自在菩萨摩诃萨！”玩耍间，弟子们看到堪布面对大树双手合十念诵起了观音菩萨的圣号，似乎在引导这棵香樟树皈依观音菩萨。见此，大家也依次站在堪布身后，跟随念诵。朝圣归来后，有感于堪布忽然在树前诵经之举，有弟子了解到，原来普济寺的这棵香樟树大有来头：不仅树龄已逾千年，而且几十年

前，一位高僧大德还于定中观到这棵香樟树的树神来到其座下皈依、闻法。众生的因缘真是不可思议，就像当年世尊在忉利天宫为母说法，前往忉利天宫闻法的就有此方世界与他方世界的无以计数的川泽神、苗稼神等。虽然有些事物以凡夫的根识很难现见，但就像无欺的因果与流转不息的轮回一样，凡夫见不到，不等于不存在。正如堪布曾经开示，面对无尽的未知，我们应该保持一种谦卑的态度。

堪布一行去往多宝塔朝礼

多宝塔：普陀山唯一保持初建原貌的建筑

结束了普济寺的朝圣，堪布一行又来到位于普济寺东南不远处的多宝塔。

这座多宝塔，始建于元朝，距今已有将近七百年的历史，是普陀山比较古老的建筑之一。近代多宝塔曾因年久失修，塔身出现了破损。公元 1919 年，当时普济寺的住持了余大师、法雨寺住持了清大师与净土宗第十三代祖师印光大师共同筹款进行了修葺。虽然那个时代社会动荡不安，但根据史料的记载，在修葺佛塔的过程中，当时社会上的几位风云人物纷纷出财出力，做出了不小的贡献。遥想当年人心的崇善勤福，让我们这些后人唏嘘不已。时光荏苒，如今这几位风云人物早已离世，他们曾经的风光与荣耀，也如大海中的波纹一般，踪影难觅。但“万般带不去，唯有业相随”，不管怎样，相信他们修葺佛塔必定功不唐捐。

在塔前供养哈达后，堪布带领弟子们边转绕佛塔，边念诵观音心咒。

不肯去观音院：观音菩萨与普陀山因缘的见证

不肯去观音院，是普陀山最著名的一座寺庙。让人感觉有些奇怪的寺名背后，有一段神奇的故事。根据《普陀山志》的记载：在五代梁朝贞明二年，也就是公元 916 年，日本僧人慧锷从五台山请得一尊观音菩萨圣像，欲携带佛像从这里下海返回日本。当载着这尊观音圣像的船行至新螺礁时，船再也走不动了。虔诚的慧锷开始祈祷，于是船行，但最后船却停在了普陀山的潮音洞下。当时岛上的居民张氏看到这景象，顿时悟到了其中微妙，马上将自己所居住的双峰山献出，供奉这尊观音菩萨圣像。从那以后，这座寺庙就被人们亲切地称为“不肯去观音院”。这也是普陀山有文字记载以来的第一座寺庙，被誉为“普陀权舆”。

与普济寺等寺庙相比，如今的不肯去观音院，面积并不大。寺的正殿中，供养着一尊高约 2 米的四臂观音菩萨像。与通常看到的形象不同，观音菩萨一双手结定印，另一双手于胸前合十。在这尊佛像前，还供奉着一尊稍小的观音像，这是近年信众根据史料的记载，按照日本僧人慧锷当年从五台山请得的佛像所复制而成的。只见菩萨于宝座之上静静安坐，双目凝视前方，仿佛时刻观照着三千大千世界的苦难有情。菩萨的双手还在身前结成定印，手中捧着一只象征为众生去除一切苦难的甘露宝瓶。当年的“不肯去”，并非观音菩萨的悲心存有亲疏远近，而是与普陀山深深的因缘使然。以菩萨的广大愿力，无论此方世界还是他方世界，只要众生以诚心祈祷，就会感得菩萨现身以慈悲护佑。

走进古老的不肯去观音院，堪布在观音佛像前顶礼。起身后，堪布又以头触佛像前的供桌，长时间念诵祈祷的经文。见此，弟子们也安静下来。待祈祷后，堪布特意请了一位了解寺庙历史的弟子为大家作介绍。待弟子介绍完毕，堪布为大家开示道：“刚才的介绍大家都听到了。不肯去观音院是普陀山的第一座寺庙，一会儿我们还要去观音跳，那里有观音菩萨的脚印，这两个地方非常殊胜，也是我们这次主要要朝拜的圣迹。在这里大家一定要好好发愿。因为这里地点殊

不肯去观音像（左图）前，堪布以头触供桌（下图），长时间念诵祈祷的经文

胜。另外，在我们一起朝圣的这么多人里，肯定有佛菩萨的化现，与圣者一起发愿，愿望很快会实现。发愿特别重要，发愿时，大家的心一定不要散乱。如果不知道怎么发愿，可以这样想：普贤菩萨、观音菩萨如何发愿，我也如何发愿。可能有的弟子还有一些特殊的发愿，也按照刚才说的方法，心里好好发愿就可以了。好，现在我们先念诵一遍《大自在祈祷文》，然后念诵《普贤行愿品》。”

随着诵经声起，在不肯去观音圣像前，朝圣的师徒又一次发下了弘法利生的誓愿。

观音跳：巨石上留下了观音菩萨的脚印

走出不肯去观音院，沿着崎岖的山路下行不远，便是一望无际的大海。海边，一块巨石迎风而卧，这就是普陀山的另一处圣迹，保留有观音菩萨脚印的巨石——观音跳。

“观音跳”名字的由来也有一段神奇的传说。相传当年观音菩萨在与这块巨石隔海相望的洛迦山修道。修道圆满，菩萨纵身一跃，从洛迦山跳到普陀山岸边的这块巨石上，并在石头上留下了一只清晰的脚印。所以这块石头就被人们称为“观音跳”。

听说近年有人为辨明此事的真伪，在爬到石头上查看时，确实看到了石头上面有着一只巨大而清晰的脚印。对于这个口耳相传、至今已逾千年的传说，探究它的真伪其实并不重要。传说终究会远去，甚至就连这块巨大的礁石也总有一天会在风浪的侵蚀下化为微尘粉末。但即使世间历经沧海桑田的变化，观音菩萨度化众生的切切悲心仍会像大海不离波浪般，亘古不变。

来到观音跳前，迎着阵阵海风，听着海水拍打岸边礁石发出的巨响，人的精神也会为之一振，几个小时边走边朝圣带来的疲惫也一扫而光。

站在观音跳这一巨大的礁石旁，堪布开示道：“普陀山是真正的观音菩萨的清净刹土。在这里观音菩萨会用各种显现度化众生，包括我们刚刚朝拜的佛像、这里的脚印，还有山、水等等，凡是看到、触碰到这些圣迹都会为我们种下解脱的种子，非常殊胜。在不同根机的众生面前，观音菩萨可能会示现男相，也可能示现女相，这没有分别，大家一定要有清净观。现在我们在这里念诵《大自在祈祷文》和《文殊大圆满基道果无别发愿文》，大家好好发愿。”说完，堪布还特意将跟随自己朝圣的母亲叫到身边，用藏语为老人家仔细讲述了此处圣迹的由来。听完堪布的讲述，这位耄耋老人不顾海上吹来的阵阵凉风，摘下帽子，双手合十，头触礁石顶礼供养。相信这块看上去再普通不过的礁石，此时在老人的心中，与真正的观音菩萨没有差别。

在藏族的历史上曾经有过这样的记载：大悲观音菩萨曾向至尊阿弥陀佛等诸佛发誓，他终将要让雪域的众生相续成熟，获得解脱。而生活在这里的藏族人也将自己视为观音菩萨的子民。手拿观音心咒转经筒、口念观音心咒的信众随处可见。小孩降生后，很快就会念“唵嘛呢叭咪吽”了，由此可见神秘的雪域与观音菩萨的因缘之深！

待顶礼完毕，堪布再次来到观音跳前，将手中的哈达系在礁石上供养，然后双手合十，念经祈祷。十几位随行的出家人也依次站在堪布身边，跟随堪布发愿。

念经毕，站在观音跳旁，堪布又将目光投向与普陀山隔海相望的洛迦山。那里的山海之间，曾是观音大士修行的圣地。远远望去，洛迦山

观音跳前，堪布带领弟子们念经祈祷

虽然不大，但起伏的山峦极像一尊静静躺在海面之上的观音菩萨像，从头顶的发髻到面目的轮廓，甚至菩萨的慈眸都清晰可见。正所谓“洛迦山中大海波心，正是大士说法道场”。

“我们这次朝圣的时间太紧张了。将来有机会再来的时候，一定要去洛迦山朝圣。”遥望着洛迦山，堪布对身边的弟子如是讲道。

南海观音：立于山海之间的圣像，普陀山的标志

圆满了在观音跳的朝圣，堪布一行便步行前往普陀山南海观音朝圣。

普陀山的南海观音像，高30多米，在很多高僧大德和虔诚信众的努力下，于1997年圆满建成，如今已经成为普陀山的标志之一。远远望去，观音菩萨伫立在蓝天大海之间，妙相庄严，威光赫奕。大士左手放在胸前，手中托着一只象征正法久住的法轮；右手施无畏印，为苦难众生赐予安慰。根据现在可看到的资料，在1997年佛像开光的当天，原本晴朗的天空，忽然乌云密布。在开光仪式刚刚开始的一刻，一道明亮的阳光，正好穿过圣像顶上的云层照射在佛像的身上，好似安住在虚空中的无量诸佛在佛像的上空共同为佛像开光一般。

2000年，希阿荣博堪布在前往东南沿海弘法时，就曾来到普陀山朝圣。当时也是在这尊圣像前，一场绵绵细雨中，堪布为随行的几位弟子赐予了观音菩萨身语意的灌顶。

十几年的时光转瞬即逝。此时再次来到南海观音像前，沿石阶而上，看着身边一个个正在焚香跪拜的信众，堪布也是感慨良多。走着走着，堪布好像想起了什么，便让弟子取出一盒香，一根一根地分发给身边的信众。在南海观音像前朝拜的信众很多，大家看到一位身着红色袈裟的僧人在发香，虽然并不相识，但也许是觉得得到僧人手中的香，一定会给自己带来好运，于是大家纷纷来到堪布的身边请香。妙香在手，信众欢喜雀跃地来到香炉边。随着一根根妙香在虔诚的信众手中点燃，芬馥的香云在佛像前缓缓升起。

供香后，堪布一边念诵观音菩萨圣号，一边开始在圣像前顶礼供养。而此时在堪布的身后集聚的近百名信众，也跟随堪布在圣像前顶礼供养。

顶礼毕，堪布为大家开示道："这尊观音菩萨像，加持力不可思议。十几年前，我第一次来江南的时候，也来到普陀山朝圣。现在想想，好像就在昨天，时间过得太快了。一会儿几位出家师父会带着大家念经发愿，我们一起在这里念诵《普贤行愿品》发愿。大家念得慢一点，心要安静，一边念诵，一边随着颂词思维观想。”

听到堪布的开示，弟子们在观音圣像前席地而坐，几位汉族出家师父示意大家拿出《显密念诵集》，开始念诵《普贤行愿品》。

《普贤行愿品》的法音又一次在普陀圣地响起。

虽然佛法的修行法门众多，但归摄起来，主要还是以信心引生大愿，以愿力引导修行，通过修行获得妙果。往昔观音菩萨、普贤菩萨等诸圣者如是，今天欲上求佛果下化众生的佛弟子，亦应如是。现在跟随自己的上师来到普陀山圣地朝圣，并且由上师引导，在殊胜的观音圣像前发下清净的誓愿，相信这是每一位佛弟子心中最大的心愿。

诵经声中，一位弟子双手捧着一尊观音菩萨像来到堪布面前，将佛像供养给上师。接过弟子供养的佛像，堪布也显得异常欢喜。的确，在刚刚准备赴普陀山朝圣和在朝圣期间，都有弟子在供养观音菩萨圣像，此中因缘唯有佛知。

不知什么时候，大家在自己的队伍中发现了一位外国人。也许是被整齐的念经声吸引，也许是很少见到这样的场景，坐在地上的外国友人不时用相机拍来拍去。

“大家过来，我们一起合个影。”诵经甫毕，堪布马上招呼大家来到南海观音像前合影。那个外国友人好像也听懂了堪布的话，像个孩子似的挤着参加合影。

“你是哪里人？”堪布问道。几年前在南亚弘法时学会的英语，此时派上了用场。

“我是意大利人。”他同样用英语回答道。

“你好，你好。”堪布握着他的手，问候着。

“你们好！”他显得非常高兴，也在问候堪布。

南海观音圣像前，一位好奇的意大利游客参加合影后与堪布握手告别

简短的寒暄后，堪布与他挥手告别，此时已过中午，于是大家抓紧时间返回住地。

相隔万里之遥，却在此时此地相遇！那下次相遇会是什么时候？又会在哪里呢？无论怎样，今天的缘已经结下，未来就必定会有成熟的果。

回到住处，宾馆已经提前准备好了简单的素食。用餐中，堪布把几位负责行程的弟子叫到身边问道："这次朝圣我想给随行弟子作一个观音菩萨身语意的灌顶，还想在普陀山放一次生。时间有点紧张，你们看能不能安排？"

听了上师的教言，弟子们马上分头准备。有的已经顾不上吃饭，开始联系适合灌顶的场所。

在观音道场赐予观音菩萨的灌顶

经过努力，弟子们找到了一处非常适合灌顶的场所——一座寺庙的经堂。

下午 3 点钟左右，堪布一行来到了经堂。

“今天下午在这里给大家作一个观音菩萨的灌顶。在来普陀山前，我就想，只要因缘具足，就在这里给大家灌这个顶。现在在几位弟子的努力下，具足了因缘。”刚刚坐定，堪布就为弟子们作灌顶前的开示。

“今天这个灌顶是法王如意宝掘取的伏藏法，非常殊胜。法王是真正的佛。在我心里，一直都有这样的心愿：希望不仅仅在藏地，在汉地和海外，法王如意宝的法脉都能得以广弘。”如果必须用一句话来概括堪布几十年弘法的历程，那就是在不遗余力地弘扬着法王如意宝的法脉。今天在圣地普陀，经由堪布的传承，法王如意宝的法脉又一次得以延续。

“昨天出发前，我为部分弟子开示，还给大家作了阿弥陀佛的灌顶。当时有一位弟子供养给了我一尊佛像。供养前，弟子自己也不知道是什么佛像，当时我也不肯定。后来看到这尊佛像和课诵集中观音菩萨修法前的图片完全一样，才肯定这是一尊平时很少见到的观音菩萨圣像。开示和灌顶结束后，有弟子看到道场的上空，出现了非常吉祥的彩虹。我当时想，在我们来普陀山朝圣前看到这样的显现，应该是观音菩萨的加持，缘起非常好。”

缘起，佛陀发现的伟大真理。这一真理告诉我们，只要一个事物出现，与之相对应的另一个事物就必定产生。事物不会孤起，也不会空耗。那么堪布此次朝圣前显现的诸多缘起和在诸多圣迹前的殊胜发愿，在未来又会呈现出怎样的吉祥呢?

“观音菩萨是诸佛菩萨慈悲心的化现。普陀山正是观音菩萨弘扬佛法、利益众生的圣地。在圣地，哪怕只念诵一遍观音心咒，功德与平时相比，都会大出很多倍。希望每个朝圣的弟子念诵十万遍观音心咒。这次我们一起朝圣的弟子有一百多人，每人念十万遍，加起来就会有一千多万遍，这样参加的人都会获得同样的功德。”灌顶前，堪布给弟子提出了要求，相信这样的要求，一定会为弟子未来的解脱积累广大的资粮。

简单的开示后，堪布摇动手中的金刚铃，随着铃声响起，观音菩萨的灌顶开始了。从提示弟子们生起皈依三宝的誓愿，到引导大家不

朝圣第一天下午，堪布在观音菩萨的殊胜道场，为弟子们赐予观音菩萨灌顶

要忘记在菩提心的摄持下接受灌顶，接着又是观想观音圣尊莅临……无上密法的清净甘露，堪布的一句句教言，流入了弟子们的心田。当年，圣者法王如意宝把自己掘取的伏藏法，传承给了自己的心子。今天，希阿荣博堪布又将这一法脉，在普陀圣地弘扬开来。

一个多小时后，灌顶圆满结束。

“得到灌顶后，最重要的就是守持清净的戒律。”堪布继续开示道，“一会儿几位出家人用法器为大家加持的时候，大家一起念诵观音心咒。声调可以跟着几位藏族师父学一下。这个声调是班玛斯德仁波切传承下来的。班玛斯德仁波切也是法王如意宝的一位上师。当年十三位伏藏大师都授记他为观音菩萨的化身。法王在石渠求学时，还专门前往青海拜见仁波切。在拜见仁波切前，法王对于老人家是观音菩萨的真实化身，心中没有丝毫的怀疑，并且心想，那么多圣者授记的观音菩萨的化身，一定是三十二相八十种好的庄严法相。但在见到仁波切时，看到出现在自己面前的只不过是一个老老实实的老喇嘛时，法王在显现上还不由自主地擦了擦眼睛。但当时出现在法王眼前的就是这样一个老老实实的老喇嘛的形象。后来法王把这个故事讲给我们听，今天我讲给你们听，就是提醒大家，佛菩萨的化现不可思议，我们一定要有清净观，特别是在圣地。”聆听着堪布的开示，特别是法王如意宝拜见班玛斯德仁波切的故事，大家受益良多。的确，佛菩萨的显现以凡夫的分别念，根本无法揣测。

“好，现在用法器为大家加持，同时我们一起念观音心咒。”说着，堪布带领随行的出家人手持佛像等为每位弟子摩顶加持，同时几位来自班玛斯德喇嘛家乡的藏族师父高声唱起了观音心咒。

“唵嘛呢叭咪吽，唵嘛呢叭咪吽……”带着传承上师加持语调的观音心咒，在经堂回响。

观音菩萨的悲心周遍十方，而观音心咒正是这种悲心的化现。心咒所在之处，菩萨的加持必定降临。所有念诵和听闻者，都会获得无量的利益。

下午 5 点钟左右，灌顶与开示圆满结束。

次日早上，堪布将在圣地普陀主持一次护生。为解救更多有情的生命，负责安排护生的弟子们顾不上休息，连夜赶往附近的几家海鲜市场。

对他们来讲，这又是一个不眠之夜。

千处祈求千处应　苦海常做渡人舟

东海，一望无际。在东海与陆地交接的 2 万多平方千米的广袤区域，分布着 1300 多座岛屿，统称“舟山群岛”。特殊的地理位置与生活环境，让这里成为天然渔场。靠山吃山，靠海吃海，千百年来，这里的居民世代以海为生。

本想获得安乐，但造下的却偏是苦因。

普陀山就是舟山群岛之中的一屿。一边是诸佛悲心化现的观音菩萨的道场，一边是往来繁忙的一条条渔船，二者看似不太和谐，但众生最苦之处，诸佛悲心的降临也最为急切！正是：“娑婆世界，苦事最多。娑婆众生，耳根最利。唯我观音大士，慈悲心切，故与此世界，因缘最深。”

经过一夜的努力，弟子们从附近的几家海鲜市场，购买了鱼类、贝类、螺类等有情共计 150 多万只。这些有情被分装在两艘渔船上。清晨，冬日的朝阳穿过海上阵阵薄雾，照在佛弟子的身上，暖暖的，这也许是对忙碌了一夜的他们最好的回报。

上午 9 点钟，堪布一行来到码头。随着汽笛声响，两艘大船缓缓推开波浪，向深海驶去。

“顶礼供养皈依观世音菩萨……”扩音器中传来了放生仪轨的声音。一句句带着佛菩萨加持的法音注入 150 多万只有情的相续中，为它们种下解脱的种子。与此同时，堪布也带着几位藏族师父用藏文念诵放生仪轨。

就在昨天，抑或只是几个小时前，这一条条鲜活的生命，还被人们当作食物送进市场进行交易，等待它们的可能是掏心剖腹、火烤油煎。而此时，它们就要带着诸佛的加持，带着佛弟子的殷殷祝福，远离怖畏，重归大海。有情们若心中有知，必定会深深地感受到慈悲的含义。

近一个小时的航行后，两艘船到达了护生海域，海上的风浪也渐渐大了起来。冬日的海风潮湿寒冷，但随着护生的开始，大家全然顾不上这些，一个个忙得不亦乐乎。有的拿出电子秤，仔细核对着有情的重量和数量；有的从船舱到船舷排成两排，将一筐筐的有情放入大海……

念诵仪轨后，堪布悄然来到鱼池边，拿起抄网加入到了护生的行列，随着抄网在堪布手中的一起一落，一条条有情重返家园。

相信跟随堪布护生的弟子们对这样的场景并不陌生，无论是寒冬酷暑，还是风雨交加，在护生时堪布都会亲力亲为。这是大悲的本性使然！

伫立在山海之间的南海观音像清晰可见，菩萨的慈眸好像正注视着眼前发生的一切，脸上的笑容在朝阳的映衬下，更加金光灿灿。蓝天大海间，重获生命自由的有情与虔诚的佛弟子，再加上远处庄严的观音圣像与耳畔响起的声声佛号，编织出一幅海天佛

朝圣第二天上午，堪布带领信众将150多万条生命放归大海

国的胜景。

护生圆满结束时已到中午。返航时，大家回到了船舱，虽然有些疲倦，但能在观音菩萨的圣地解救150多万条生命，大家心中的喜悦溢于言表，船舱里时常传出师徒们的欢声笑语。

离船登岸，朝圣的下一站将是被誉为“观音现身处”的潮音洞。

潮音洞：观音菩萨现身处

潮音洞位于距普济寺不远的龙湾之麓。“潮音”，一语双关。一方面，海上涌来的一波波骇浪穿行于幽涧洞谷之间，发出巨大声响，潮音洞因此而得名；另一方面，这日日夜夜从不间断的大潮之音又酷似观音菩萨为度一切苦厄发出的慈悲之声，所以潮音也代表观音菩萨的法音。据《普陀山志》的记载，自古就有很多有缘信众来此朝拜时，在潮音洞的幽涧灵岩间亲睹观音大士的金颜。

潮音洞的上方，是一座规模不大的寺庙。寺庙分上下两层，原本是明代法雨寺住持寂住老和尚自己建造的退居处，现在人们在去潮音洞前，一般先要朝拜这座寺庙。

走进寺庙，几位出家师父向堪布一行介绍了潮音洞的来历。听着师父们的介绍，堪布若有所思，忽然说出了一个“不情之请”：“能不能让我们在朝拜潮音洞前，先在这里供灯？”

“很多年来，寺庙还没有大规模供过灯。”听到堪布的话，出家人面露难色，喃喃地说道。

灯的明光象征着佛法的智慧，若能在圣地供灯，再加上供灯时清净的回向和发愿力，这样的善行就会成为教法兴盛的善妙缘起。

听着出家人的话，弟子们心里不免有些着急，毕竟能跟随上师在圣地供灯，是大家此次朝圣的心愿，有的弟子已开始默默祈祷。有的时候，因缘的确难以预料，几位出家人忽然福至心灵，同意了堪布的这个“不情之请”，只是一再叮嘱：“请大家在供灯的时候，注意安全。”

供灯开始了。不一会儿小小的院子就摆满了供养的酥油灯，然后大家又将码放整齐的油灯一一点燃，刚才还略显冷清的小院，很快就笼罩在一盏盏酥油灯带来的温暖与光明之中。虽然还没有走进观音现身的潮音洞朝拜，但每个人都在这种温暖与光明中，感受到了菩萨的加持。

“唵嘛呢叭咪吽……”也许是受到现场氛围的感染，弟子们又情不自禁地唱起了观音心咒。

看到所有的酥油灯已经点燃，堪布示意大家拿出《显密念诵集》，念诵全知麦彭仁波切撰写的《供灯发愿文》。“敬奉明显燃灯此供养，我及无量普天诸有情，无明愚痴黑暗皆消除，愿见遍知光明大智慧。”这篇源自传承上师，于光明境界中显现的发愿文，通过堪布的引导，在普陀圣地，又让虔诚的弟子们发下了广大誓愿。

供灯发愿后，已经时近中午，堪布马上招呼大家沿着寺庙前的石阶而下，前往观音大士的现身说法处——潮音洞。走着走着，在队伍最前的堪布忽然停住脚步，取出一条条哈达依次交到每位弟子手上：“进去以后，不要忘记献哈达！”接到哈达时，大家都会听到堪布这样的叮嘱。

带着堪布的叮嘱，弟子们走进了潮音洞。也许是出于安全考虑，近年人们在潮音洞前几十米的地方搭建了一座阁楼，朝拜的人站在阁楼上与潮音洞遥遥相望。阁楼内还供奉了一尊白玉观音佛像。

来到佛像前，弟子们依教奉行，将堪布赐予的哈达恭敬地供养在佛像前。然后右绕佛像走到潮音洞前，开始仔细端详雄伟壮观，又带有几分神秘的潮音古洞。

潮音洞，实际上是几块伫立于海边的巨大岩石相互交错，在高出海面几十米处自然形成的一个天然洞穴。岩石面海临风，壁立千仞，洞穴幽深难测。崖洞之下则是奔涌的骇浪，每当大浪涌来，岩石交错的缝隙处就好似巨蛟张口，吞吐倏忽间发出雷鸣之声。

好一幅人间殊胜景，观音大士现身说法处！

“大家一起念《普贤行愿品》，好好发愿。”看到弟子们都站在洞前，堪布提示道。

所有十方世界中　三世一切人师子
我以清净身语意　一切遍礼尽无余
…………

一百多位虔诚的佛弟子，在潮音古洞前双手合十，开始祈祷发愿。随着诵经声起，海浪似乎愈加汹涌，一浪高过一浪，“它”好像完全了知了佛子们心中清净的誓愿。诵经声、海浪声浑然交织在一起，在潮音洞前久久回荡……

“快看，鸟！鸟！”正在诵经时，不知谁喊了一句，大家的目光不约而同地投向潮音洞口。果然，一只不知从哪里来的海鸟，忽然出现在洞口。海鸟全身蓝色，看上去比我们平时见到的海鸥、海燕等要大出不少。本应天生胆小的它此时竟从容不迫地看着不远处诵经的佛子们，就像是特意出来聆听大家的发愿，久久不肯离去。本就让人感到神秘的潮音古洞，此时更让人浮想联翩了。

诵经甫毕，堪布双手合十，开始念诵无上密法的甚深仪轨，为弟子作引导。现场瞬间安静下来，弟子们全神贯注地聆听着上师的念诵。

此时此刻上师引导的法音、海潮的轰鸣，再加上虔诚的佛弟子和那只神奇的大鸟，同时出现在观音菩萨现身说法的潮音古洞前，这是集聚了怎样的因缘！此中的玄妙，能有谁知！

随着潮音洞朝圣的圆满结束，大鸟也不知所踪。走出潮音洞，恋恋不舍的弟子还在津津乐道。看到空中有鸟儿飞过，竟然也要相互提醒，伴随而来的，是大家的欢声笑语。

善财洞：善财童子拜见观音菩萨的地方

接着，堪布将朝拜普陀山的另一处圣迹——善财洞。

说到善财童子，相信很多人都会想到五台山的善财洞，想到为求无上菩提的五十三参，想到圣者法王如意宝。

根据《华严经·入法界品》中的记载，当年善财童子参访了众多善知识，其中就有观世音菩萨。初见观音菩萨时，观音菩萨正在为无量菩萨宣讲大慈悲法。“善财见已，欢喜踊跃，合掌谛观，目不暂瞬。”然后赞叹观音菩萨与佛无别的功德。观音菩萨亦以各种示现，为极具大悲法器的善财童子作了殊胜的引导。

时至今日，当年善财童子参拜观音菩萨时的圣迹已是一座寺庙，古洞也被完好地保存了下来。寺庙四周樜矗森萃，山门上“善财古洞”四个字，让人不禁联想当年的情景。

走进善财古洞，堪布先向洞内供奉的西方三圣等佛像供养哈达，开始念诵《现有自在摄受祈祷文·大加持云》。

“一会儿，我先给大家念《文殊大圆满基道果无别发愿文》的传承，然后我们共同念诵这个发愿文。”说着，堪布取出法本，为弟子们念诵传承。带着祖师温热气息的清净教法，经由上师的传承，注入弟子们的相续当中。传承圆满后，古老的山洞，又一次见证了佛弟子们为利益众生发下的殊胜誓愿。

“现在大家让自己的心安静下来，尽量不要有杂念。安住、安住，然后静听上师的念诵。”念诵后，堪布提示道，现场顿时安静了下来。

此时堪布双目直视虚空，如如不动。不知过了多久，堪布开始为弟子念诵引导的经文。善财古洞内异常安静，洞口的一块块巨石好像将尘世隔离在外。弟子们时而仔细聆听法音，时而跟着上师的引导静静安住……这是深藏于诸佛心髓之中的秘密宝藏，这是让凡夫跬步之间即可获得解脱安乐的无上窍诀。

引导完毕，堪布没有马上离开，而是双手合十，在古洞内长时间念诵《法王如意宝住世祈祷文》，祈祷根本上师法王如意宝，祈祷十方诸佛……

正法明如来殿：一座纯铜制成的佛殿

在圣地停留的时间，总是让人觉得短暂。今晚堪布就将离开圣地。

下午，堪布一行的朝圣，从朝拜位于普陀山西山之巅的正法明如来殿开始。

在《千手千眼观世音菩萨广大圆满无碍大悲心陀罗尼经》中，世尊如是对阿难尊者宣讲："善男子，此观世音菩萨，不可思议威神之力，已于过去无量劫中，已作佛竟，号正法明如来。"为了让众生铭记正法明如来倒驾慈航，应化娑婆度无量众生的恩德，高僧大德们继普陀山的南海观音圣像建造圆满后，又在普陀山的西山之巅，建造了这座正法明如来铜殿。铜殿背靠青山，面向大海，飞檐翘角，气势雄伟。

走进佛殿，堪布向正法明如来的圣像顶礼供养后，在佛像前长时间祈祷。

"您是希阿荣博上师吧？上师，您好！"刚刚走出佛殿，有几位来此朝圣的居士忽然认出了堪布。

"你们是……？"堪布问道。

"我们是杭州的，您的弟子，真没想到能在这里遇到上师！"看来圣地的相遇，确实让居士们惊喜不已。大家马上取出哈达，供养堪布。

"是，真的太巧了。"堪布边说边接过哈达，在哈达上打了金刚结加持后，又亲自为弟子们戴在颈上，说道，"我很快就要离开这里，以后你们可以去扎西持林，或者我再来汉地的时候，我们一定还会有见面的机会。"

刚刚见面，又不得不马上分别，几位弟子不禁落泪。有时候世间的无常与无奈，真的令人唏嘘。

在说法台传承《般若佛母修法仪轨》和《心经》传承

辞别了邂逅的弟子，堪布一行前往此次朝拜的最后一处圣迹——距此不远的说法台。关于说法台，在普陀山旧志当中是这样记载的：“在槃陀石东。相距百步，高若相望。大士说法处，亦可登。”

即将到达说法台，蓊茸的树木间，忽然走出来两位藏族出家师父。他们径直来到堪布面前，用藏语介绍自己。原来这两位师父来自印度，此时恰好住在普陀山。说完，两位师父将一部从印度带来的经书和一大包珍贵的恒河沙供养给了堪布。

接受了僧人的供养，堪布径直走上观音大士说法台。说法台，是由几块礁石堆积而成的，巨大的礁石，就像被人有意码放一般，形状酷似一个讲经说法的法座，真是法尔天成。上面的面积足以容得下几十个人，背后的石头上由古德们镌刻的“法台灵迹”，更是让人信心倍增。说法台四周，众多的岩石也是形状各异，仔细看来，它们也好似正在聆听妙法一般。

“所有的出家人都上来。”登上说法台，堪布示意随行的出家师父全部坐到说法台上。十几位身着袈裟、法相庄严的出家人登上说法台，依次坐在堪布周围。一百多位虔诚的居士则静静地坐在说法台前。

刚刚坐定，堪布取出法本，说道：“先给大家念一下《般若佛母修法仪轨》和《心经》的传承。”

天海之间，说法台庄严，再加上正在宣讲妙法的上师和虔诚的弟子，此情此景，俨然是重现了当年观音大士说法的盛况。

“我们的朝圣已经圆满。从前天到这里，几天的时间里，我们一起护生、供养、发愿、持咒，行持了很多善法。现在我们师徒再诵《普贤行愿品》回向发愿。”传法后，堪布继续开示道。

“现在大家让心安静下来，仔细思维，把我们此次朝圣行持的善法，以及自己无始劫来行持的所有善法功德，回向给众生，真心地希望他们离苦得乐，往生到极乐世界，最终成就无上佛果。也可以这样思维，文殊师利菩萨、观世音菩萨是如何回向发愿，我也如是回向发愿。回向的时候，这样的发心很重要！”

接受了两位僧人从印度带来的经书和恒河沙后，堪布带领出家众登临说法台念诵传承，随后师徒共诵《普贤行愿品》，将此次朝圣行持的善法进行回向

在为弟子们引导后，师徒共同念诵《普贤行愿品》，回向发愿。佛子们此次朝圣，以及所有的善法功德，全部融入诸佛的功德大海之中，成为每一个人的解脱之因，成为众生的安乐之因！

“这次来普陀山朝圣，我没有通知任何人，大家聚合在一起，我想这也许是我们师徒往昔的因缘。也希望我们以后还能有这样的因缘，一起朝圣，一起弘法利生。”听着堪布的开示，想想几天来在普陀圣地的所见所闻，弟子们的心被深深地感动着。

“就在刚才，我得到了一部从印度请的佛经，还有一包恒河沙。当年佛陀在印度广转法轮，足迹遍布恒河两岸，所以以佛陀的加持力，所有触到恒河沙的人，都会种下解脱之因。一会儿也给大家分一下。”说完，堪布示意大家来到说法台前，用经书为大家赐予加持。

说法台前，这部来自佛陀家乡的经书被堪布放到每一位弟子头顶，曾经承擎着佛陀双足的恒河沙也分发到了每一位弟子手中。最后，堪布又抓起一把恒河沙抛向空中。

金色的沙粒在空中散为无以计数的微尘，轻轻飘落在佛子的头顶，飘落在普陀的山海大地之间。湛恩汪濊，群生澍濡。弟子们积聚了几天的情绪在这一刻被点燃，情不自禁地唱起了上师祈祷文：

> 佛法教主本师释迦王，八大近侍智成王臣友。
> 诸多印藏大德游舞身，普现希阿荣博诚祈祷。

在佛子们虔诚的祈祷声中，希阿荣博堪布此次普陀山朝圣圆满结束了。

吉祥如意！

2017 年 11 月 10 日

第四章

峨眉山

旅游小贴士

• 峨眉山金顶（华藏寺）

金顶位于峨眉山主峰之上，始建于唐代，是全山寺庙最集中的地方，也是峨眉精华所在，游客可在此观赏峨眉四大奇观：日出、云海、佛光、圣灯。金顶有“金”“银”“铜”三殿，还有48米高的十方普贤金像等，是世界上海拔最高的汉传佛教朝拜中心，也是壮丽的自然观景台。

• 十方普贤金像

十方普贤金像位于峨眉山金顶，建成于2006年，通高48米，重600多吨，由台湾建筑师设计，金像完美展现了峨眉山“千座名山一座顶”的庄严。普贤菩萨端坐在大象和莲花座上，十个头像分为三层，神态各异。十方普贤的内涵十分丰富，是佛教教理、教仪与造型的完美结合。“十方”一是意喻普贤菩萨的十大行愿，二是象征佛教中的十个方位，意喻普贤菩萨的行愿无边。

• 万年寺

万年寺位于峨眉山观心岭下，始建于东晋，当时叫“普贤寺”，后因常遭火灾而改名“白水寺”，明神宗赐额“圣寿万年寺”，沿称至今。万年寺是峨眉山最早的六大寺之一，也是目前峨眉山最大的寺院，寺内最醒目的建筑是无梁殿，殿内供奉的高7.85米的普贤骑象铜像，不仅是万年寺的镇寺之宝，更是峨眉山千年来的镇山之宝。寺旁有万年停车场，游客常把万年寺作为正式登山的起点之一。

- **伏虎寺**

伏虎寺位于峨眉山麓，与报国寺相邻，始建于晋代，又称"神龙堂""虎溪精舍"，后因附近虎患，寺僧建尊胜幢镇伏，遂更名"伏虎寺"。伏虎寺是峨眉山最大的比丘尼寺院。整座寺院掩映在密林中，又因处于狭窄的山谷之中，四季气流劲势涌动，故寺宇屋顶终年没有枯枝残叶堆积，十分神奇。镇寺之宝华严宝塔，以其时代久远、体形高大和铸造精良而居中国铜塔之最。

- **报国寺**

报国寺坐落于峨眉山麓的凤凰坪下，是入山的门户和起点。原为山中第一大寺，原址在伏虎寺对岸，始建于明，最初名为"会宗堂"，取儒、释、道"三教"会宗之意。清初迁建于此，康熙皇帝取佛经"四恩四报"中"报国主恩"之意，御题"报国寺"匾额。报国寺旁有两棵与恐龙同时代的国家一级保护植物"桫椤"。

- **乐山大悲寺**

乐山大悲寺位于四川省乐山市牟子镇，毗邻乐山大佛，始建于清光绪年间，为尼众寺院，主供观世音菩萨像。

- **乐山大佛**

世界文化遗产乐山大佛，是一尊弥勒佛坐像，位于四川乐山岷江凌云寺侧，始建于唐代，通高 71 米，临江危坐，脚面可围坐百人以上，是我国最大的摩崖石刻雕像，"山是一尊佛，佛是一座山"，蔚为壮观。古代此为三江汇流处，因水势凶猛而致沉船事故频发、百姓遭灾，高僧海通遂建议将整座山雕刻成一尊大佛像以镇缓水势，整尊佛像历时九十年方才建成。

峨眉山金顶（华藏寺）

十方普贤金像

万年寺

伏虎寺

报国寺

乐山大悲寺

乐山大佛

普贤菩萨的道场——峨眉山

四川境内的峨眉山，因山中昼有佛光，夜有圣灯，故又名“光明山”。

本师释迦牟尼佛于《大方广佛华严经·诸菩萨住处品》中授记：“西南方有处，名光明山，从昔已来，诸菩萨众于中止住。现有菩萨，名曰贤胜（普贤），与其眷属、诸菩萨众三千人俱，常在其中而演说法。”

由以上佛陀的授记可知，峨眉山乃是圣尊普贤菩萨度化众生的圣地。

昔日，曾有善财童子发阿耨多罗三藐三菩提心，欲求佛果，于福城中向文殊菩萨问菩萨行，求菩提道。文殊菩萨告之曰：善男子，亲近供养善知识，是具一切智最初因缘，若欲成就一切智，应决定求真善知识。善男子，求善知识勿生疲懈，见善知识勿生厌足，于善知识所于教诲皆应随顺，于善知识善巧方便勿见过失……

后善财童子应文殊菩萨嘱咐，参访诸多圣善知识。最后在妙意华门城得见德生童子与有德童女，在二位善知识前听闻教言后，应二位善知识法旨，来到弥勒菩萨道场，得见弥勒。尔后善财童子再得文殊加持，最终从弥勒菩萨道场行至普贤菩萨道场峨眉山，得见十大愿力之王的无垢普贤菩萨。普贤菩萨在为善财童子讲述成就无上佛果所需修持之十大愿行后，唱出了著名的《普贤行愿品》。此时，善财童子圆满了自己的一切功德，成就了无上佛果。所以峨眉山不但是普贤菩萨度化众生的主要道场，也是善财童子成就无上佛果的圣地。

善妙的缘起真是不可思议。当时间之轮旋转到公元 1997 年时，集十方三世诸佛功德于一身的众生怙主法王如意宝晋美彭措上师行至桂林。在秀甲天下的桂林山水间，法王于自己的清净境界中，清晰地回忆起自己昔日为利益众生的无数化身当中，曾示现为善财童

《华严经》记载：有善财童子伫立妙高峰上，观此山如满月，大放光明。因此峨眉山又称“光明山”

子，而善财童子拜见德生童子与有德童女两位上师的地方就是今天的桂林，法王此时所住的房子就是当年善财童子拜见德生童子与有德童女的原址。

也许是往昔的无量悲愿，也许是因缘使然，也是在这一年，法王还在圣地喇荣五明佛学院发起了藏汉弟子同修共诵《普贤行愿品》一亿遍的活动。闻此法讯的弟子们纷纷欢喜踊跃报名参加，很快圆满了这一无量功德。

自此以后，在对法王如意宝具足信心的信众心中，普贤菩萨常转法轮的圣地峨眉山又具有了更加特殊的意义。

2006 年 3 月，法王如意宝嫡传心子、喇荣五明佛学院希阿荣博堪布在刚刚结束了鸡足山的朝圣后，应峨眉山、乐山弟子的祈请，决定赴峨眉山、乐山朝圣。

“在汉地的许多佛教圣地当中，我最早听到的就是峨眉山和乐山。那时我只有十几岁，我家乡的一位道友来峨眉山和乐山朝圣，他回到家乡后，给我讲峨眉山是普贤菩萨常转法轮的圣地，乐山大佛有多么高，等等。从那时起，我就知道了峨眉山的万年寺、无梁殿和乐山大佛，此后我跟随法王来到汉地的五台山等地朝圣，但直到 1999 年我才第一次来到峨眉山。普贤菩萨虽然有无量无边的化身，但峨眉山是普贤菩萨度化众生最主要的圣地，也是普贤菩萨经常驻锡之地，加持力不可思议。我们到了峨眉山以后，一定要好好地发愿。由于往昔的愿力和因缘，诸佛菩萨在众生面前的显现也不一样，普贤菩萨的显现是行愿第一，他发下的十大愿王，从礼敬诸佛到普皆回向，是一切欲求无上佛果的学佛人必须行持的殊胜法门，所以在峨眉山发愿时，你们可以观想普贤菩萨如何发愿，然后自己也如何发愿。”在出发前，堪布为随行弟子作了简单的介绍，同时也提出了要求。

希阿荣博堪布此次峨眉山、乐山之行，历时仅仅三日，但在这短短的时间内，堪布除了朝礼著名的万年寺、金顶、乐山大佛等圣迹外，还根据不同众生的根机，为随行弟子及寺庙的僧俗信众赐予了灌顶并作了甚深开示，在峨眉圣地普降甘露法雨，让所有参加此次朝圣甚至是仅仅有缘与堪布相遇的信众都获得了殊胜法益。而所有跟随堪布朝圣的信众，在普贤菩萨圣地用藏、汉两种语言念诵《普贤行愿品》等经文，也会让所有念诵与听闻的众生获得无量利益。

伏虎寺内传皈依

2006年3月18日一早，几辆轿车行驶在峨眉山前往成都的高速公路上。在第一辆车中坐在前排带路的，是一个身穿汉地出家僧装的30岁左右的出家人，法名慈诚成利。从成利法师严肃而兴奋的表情可以看出，他们此次成都之行非比寻常。的确，法师此次前往成都，是专程迎请他的大恩上师——色达喇荣五明佛学院的希阿荣博堪布赴峨眉山、乐山朝圣。

成利法师自幼善根深厚，已出家多年。两年前有缘拜见希阿荣博堪布后，信心坚固，依止至今，现按上师教言安住于峨眉山中修行。自拜见堪布后，成利法师经常以自己十几年来修学与寻找善知识的经历与体会为例劝导信众：末法时期真善知识极难得遇，遇到后一定要仔细珍惜。就在成利法师于两天前准备下山迎请上师赴峨眉山朝圣时，他还亲眼见到团团紫气围绕山中，久久不散。虽然已在山中修行多年，但如此瑞相法师还是头一回见到，这更让他对上师的此次峨眉山之行充满期待。

成利法师一行驶出高速路后不久，就来到了希阿荣博堪布在成都的驻锡之地——成都市的新都镇。见到上师后，成利法师马上顶礼，并供养了哈达和鲜花。师徒二人虽然已有几个月未曾相见，但因此次将一同前往峨眉山朝圣，所以没有过多寒暄，堪布便与随行弟子一同上车，前往佛教圣地峨眉山。

普贤菩萨的圣地峨眉山以雄秀神奇著称。而峨眉山所独有的圣灯、佛光、云海、日出四景，在为雄秀的峨眉增添了一丝神秘的同时，也让峨眉山又有了一个“光明山”的吉祥名字。

三月的四川已是春意浓浓，当车辆驶进峨眉山后才让人感到一丝凉意。进山不久，车队停在了由成利法师安排的住处门前。这时，由当地以及闻讯从乐山赶来的居士们组成的迎请堪布的队伍已经排出了几十米远，信众手持哈达恭敬地举过头顶，一一走到堪布面前供养，堪布也按照藏族的礼节，将哈达接过又重新戴到了信众的身上，并为信众摩顶加持。

藏族是一个几乎全民信仰佛教的民族，所以他们日常的一些习惯，甚至相见时的礼节也全部与佛教的信仰相关，向尊贵的上师供养哈达在藏地是最普遍的表达对上师的恭敬心与信心的方式，而洁白的哈达此时也象征着吉祥如意。希阿荣博堪布近年虽然已在汉地乃至海外广弘佛法，但一直保持着藏地独有的传统习惯。今天刚刚到达峨眉圣地，自己的汉地弟子以藏地特有的方式迎请自己，这也让堪布心中非常欢喜，以至于刚一走进自己的房间，堪布马上带领随行的汉、藏僧众念起了《八吉祥颂》《大自在祈祷文》等经咒，为信众赐福。

吃过午饭后，已是下午两三点钟，经过成利法师的介绍，堪布决定今天先去离此不远的伏虎寺朝礼。

伏虎寺坐落在峨眉山麓伏虎岭下，因寺前山形酷似一只伏虎而得名，是峨眉山比较大的寺庙之一，现为尼众寺庙。

当堪布一行快走到伏虎寺时，早已有信众在寺庙山门前的道路两旁自觉地排成了两排。大家双手合十，恭迎堪布。而到此地的游人见此情景也觉得自己今日见到的这个喇嘛非比寻常，有些游客更是感觉自己此次在峨眉山肯定结下了很好的佛缘，于是大家开始自觉或不自觉地跟在堪布一行人的后面走进寺庙，人越聚越多。

伏虎寺是一座汉传佛教的寺庙。一进山门，就可以看到供奉的汉地弥勒佛坐像，佛像全身金色，神态安详。佛像的两边站立着四大天王像。走到佛像前，堪布带头在佛像前顶礼。数十名信众也一同跪在佛像前，跟随堪布一起在佛像前顶礼。礼毕，堪布右绕过佛像，继续向寺内走，这时堪布好像想起了什么，马上将侍者丹增尼玛喇嘛叫到身边耳语了几句。

当堪布来到伏虎寺大雄宝殿前的平台时，再次停下脚步，一边念诵《大自在祈祷文》一边顶礼，随行的信众还有刚刚跟随堪布进来的信众也跟随堪布一起顶礼，场面十分壮观。这时丹增尼玛喇嘛双手捧着香烛等供品来到堪布身边，堪布接过供品，一边念诵供养仪轨，一边将香烛等供品发给四周的信众，大家一起点燃香烛供养诸佛。

这时寺庙的尼众也纷纷走出房间，来到堪布身边，有的向堪布顶礼，有的开始供养堪布。面对团团围过来的人群，堪布也不断地双手合十，微笑着与所有人打着招呼。信众当中有很多人是平生第一次有缘与堪布相见，但从他们喜悦的表情上根本看不出有陌生感，好像很早以前就已经与堪布相识了似的。当堪布双手合十走到大雄宝殿前时，更令人意想不到的一幕发生了：因为刚才堪布身边的人太多，一些没能亲近堪布的僧俗信众早已等在了大雄宝殿的门口，见堪布上来，马上全身伏地，向堪布磕大头顶礼供养，然后依次跪在地上。见此，堪布停下脚步为信众念经加持。

伏虎寺的大雄宝殿是僧人平时念经讲法的场所，面积很大。进入大殿后，堪布又带领大家在佛像前顶礼供养，这时又有一些不曾相识的信众加入了朝拜的行列，大殿里显得有些拥挤了。

“请大家马上坐下来，安静一下。”看到有这么多的信众跟随，堪布在大家全部进入佛殿后，让信众坐下。

“现在请大家把心平静下来。”随着堪布的法音，大殿内开始安静了。“今天我们来到普贤菩萨的圣地峨眉山，朝拜普贤菩萨，我想，我们能有这样的因缘在这样一个殊胜的佛教圣地一起朝圣发愿，肯定是我们大家往昔有非常好的因缘。”堪布短短的几句话，让现场的信众开始全神贯注地聆听。“一会儿我们大家一起念诵《普贤行愿品》，发愿往生西方极乐世界。不但今天要这样发愿，在以后修行的时候也好，回向的时候也好，一定要发愿往生西方极乐世界。往生西方极乐世界是本师释迦牟尼佛在众多的经典当中为我们宣讲过的法门，佛陀的智慧是无量无边的，所以不管是修学显宗法门，还是密宗法门，现在都要共同发愿往生极乐世界。峨眉山是普贤菩萨度化众生的圣地，非常殊胜。这是释迦牟尼佛在两千五百多年前就有的明确授记。在圣地修行或发愿，加持力与我们平时在一个一般的地方是完全不一样的。大家有的从很远的地方来到这里，很不容易，所以不要浪费这样难得的机会。这里还有一些在此常住的出家人和居士，与我们千里迢迢来这里不同，你们能在这样殊胜的佛教圣地修行，更要珍惜这样难得的机会。在发愿时，大家不要有过多的妄想，比如我要家庭圆满、今生健康长寿等，这样的为了自己世间事业圆满的发愿不会给我们带来究竟的利益，要以强烈的希求心发愿往生极乐世界。”

也许是观察到了在座信众的根机，也许是看到了有的弟子有些疑惑，堪布放慢了语速：“其实诸佛的刹土在功德上没有任何差别，那我们为什么要发愿往生西方极乐世界呢？因为极乐世界的阿弥陀佛愿力广大无边，任何众生只要生起菩提心，对阿弥陀佛具足信心，对极乐世界有强烈的希求之心，修持相应法门，而且不诽谤佛法，不犯五无间罪业，都可以往生到极乐世界。末法时期，众生的烦恼粗重，要历经苦行而后获得成就，难度很大，但依靠阿弥陀佛的愿力，与我们的信心和合，往生就会很容易。更主要的是如果我们能往生极乐世界，由于阿弥陀佛的加持，我们会很快获得成就，到那时我们利益众生会很容易。所以我们发愿往生极乐世界绝不仅仅是为了自己个人的利益和解脱，而是为了所有众生的解脱与成就，这就是我们平时讲的菩提心。菩提心是一切佛法的精要，大家以后在修行时，不管做什么功德善业，也不管修什么法门，千万不能忘记用菩提心来摄持自己的相续。哪怕只是念一句佛菩萨的心咒，转绕一圈佛塔，也不要忘记菩提心。如果没有菩提心，不管这一世你怎么修行都不会成佛的。

“在座有的居士是修学显宗法门的，有的居士是修学密宗法门的，不论是修学什么法门，我们都是释迦牟尼佛的弟子，相互之间绝不能诽谤，更不能相互看不起对方。因为大家都是皈依三宝的佛弟子，我们皈依的三宝之一就是法宝。法宝指的是所有释迦牟尼佛传承下来的佛法，不论是大乘佛法还是小乘佛法，也不管是密宗的佛法还是显宗的佛法，全部是我们皈依的对境。学佛人可能会根据自己的因缘，修学各种不同的法门，但无论你修学什么法门，对其他的法门都不能诽谤。释迦牟尼佛在许多的经典当中也讲过，诽谤任何一个法门的人，不论你是修学什么高深大法，也是不能往生的。所以今后大家在精进修持佛法的同时，还要紧护自己的三门，千万不要做让自己追悔莫及的事。

“下面我们一起念诵《普贤行愿品》，大家一起发愿，为利益一切众生，愿我们能往生西方极乐世界，早日成佛。”

在堪布简短的开示后，伏虎寺的大殿内响起了用汉、藏两种语言唱出的《普贤行愿品》，而两种语言的声音又和谐地汇集起来，在这已有几百年历史的大殿中回响着。

待大家念诵完毕，堪布继续讲道："今天我带来了一些观音菩萨的见解脱法像，这张法像，在汉文的《大藏经》和藏文的《大藏经》里都有介绍，非常殊胜。观音菩萨是佛诸无量悲心的化现，汉地观音菩萨的相与藏地观音菩萨的相可能有一些不同，这是因为众生的根机不同，所以观音菩萨作出了不同显现，本体上没有任何分别，在修法上也没有本质的区别。今天我们一起来到这样的佛教圣地，有如此好的因缘，所以想请观音菩萨见解脱法像的居士，要发愿念诵'南无阿弥陀佛'十万遍，这应该是很容易完成的，但念诵的功德是不可思议的。因为我们是在一个非常殊胜的佛教圣地发愿，而且现在还是佛教传统的神变月期间，功德也一定会增上，所以大家得到这张法像后，要尽快地念诵。法像请回去后，一定要放在佛堂上恭敬供养。

"另外，这次来峨眉山，一些弟子印了一些我的照片，我只是一个普普通通的出家人，没有什么功德，也没有什么加持，但我们今天在这里结上了很好的缘分，所以希望得到我的照片的人，我也可以结缘给大家，在得到照片后，每个人也要念诵十万遍'南无阿弥陀佛'。如果我们一个人念诵十万遍的话，只能获得十万遍的功德，但如果我们大家一起发愿念诵，比如说我们今天发愿念诵了'南无阿弥陀佛'几亿遍，那么所有发愿念诵的人都可以获得这样的功德，这个功德对我们每一个发愿往生西方极乐世界的修行人来说，是非常不可思议的。这也是共修给我们大家带来的利益。"

这时大殿内的游人和朝拜的信众也越聚越多，有的信众还趁堪布讲话的间隙走到堪布身边顶礼供养。堪布一面微笑着回应信众，一面继续讲道："今天在这里的人有出家人，也有在家人，有老年人，也有比较年轻的人，我希望大家今后一定要抓紧时间修持佛法。人生是短暂无常的，今天在，但明天还在不在很难说，等到无常到来的时候，如果因为我们在世时没有精进地修持佛法而堕落到三恶道中，就太遗憾了，所以我们现在获得了如此难得的人身，一定不要让自己的人身白白空耗。

“我这次来峨眉山，还带了一些《金刚经》。《金刚经》是汉传佛教和藏传佛教都共同承认的经典，在汉传佛教里，有些经书是从梵文直接翻译过来的，有些是从藏文翻译过来的；藏传佛教里有些是从梵文翻译过来的，也有些是从汉传佛教翻译过来的，这只不过是翻译的途径不同而已，没有什么分别。念诵《金刚经》对于我们遣除修行中的障碍、开启智慧会有非常大的帮助，所以今天请《金刚经》的人，回去后要坚持每天念诵一遍，还没有经书的人今天可以请回去。”

堪布的讲话刚刚结束，伏虎寺的十几名出家尼众率先来到堪布面前，一面向堪布顶礼，一面迎请观音菩萨见解脱法像和上师法像。堪布也将手中的经书放在信众的头上念经加持。最先请到见解脱法像和上师法像的尼众已经将见解脱法像和上师法像放在大殿的佛像前，马上开始顶礼供养。她们当中可能有的人已经出家修行多年，但此时，从她们虔诚和充满信心的表情上可以看出，堪布短短的开示，已经让她们获得何等殊胜的法益。在家信众也纷纷跟在出家人后面，向堪布迎请法像。

给信众发完法像，堪布从大殿里走出来，这时伏虎寺的出家人主动给堪布做向导。她们先带堪布一行来到伏虎寺著名的五百罗汉堂，一走进罗汉堂，堪布又像刚才进入寺庙时一样，带领信众在罗汉堂顶礼并念诵《大自在祈祷文》等经文。刚才在大殿内聆听堪布开示的信众也都一直跟在堪布的身后，他们当中可能有的已经来过罗汉堂了，但来没来过，此时好像已经不重要了。如此一来，罗汉堂内本来还算宽敞的过道，也不免显得有些拥挤。但信众谁也顾不上，大家摩肩接踵，一个个手持刚刚请到的法像，争先恐后地紧紧跟在堪布身后转绕罗汉堂，在罗汉堂的过道上形成了一条右转佛像的人流。

从罗汉堂出来，堪布又来到伏虎寺的华严宝塔前。华严宝塔高约5米，塔身为铜制，上刻诸多佛像和《华严经》经文，至今已经有几百年的历史。堪布来到塔前，念经祈祷了很长时间，而身后的信众还是寸步不离地跟在堪布身后。

待堪布念经完毕，寺庙的出家人将堪布请到寺内的一处静地，原来她们早已在此为堪布准备了水果、茶水等供养，也许是从早晨到现在还没有休息的原因，此时堪布也显得有些疲倦，坐在椅子上准备稍事休息。但堪布刚刚坐下，一些刚才跟在堪布身后的信众不约而同地走到了他身边，有的拿出哈达，有的跪下顶礼供养。堪布又马上手拿经书为信众逐一加持。见此，一些信众又马上跪到堪布身边，有的信众还祈请在此皈依。虽然信众一个个都非常虔诚，但考虑到伏虎寺有很多出家人，堪布还是犹豫了一下，慢慢地对大家说道："想皈依的人稍微等一下吧。"

"师父，我昨天就到峨眉山了，现在马上就要回北京。您还是让我们现在皈依吧！"堪布的话音刚落，一名信众焦急地说道。

"哦，缘起很好。"说着，堪布的脸上也露出了笑容。

因缘甚深难测，但从诸佛应化世间到凡大的一句普通言语，无一不是因缘使然。今天一个普通信众在自己行程上不经意的安排，让希阿荣博堪布正式开始了在普贤圣地摄受弟子。

堪布一边笑着，一边习惯性地向身后甩了一下红色的披单，开始对信众讲道："好，想今天皈依的人现在跪下来，大家的心平静一下。现在我为大家皈依。"堪布一边说，一边自己双手合十。

信众依次跪在堪布面前，双手合十，而一直跟着堪布的伏虎寺的尼众此时也都不约而同地一起跪下，开始静静地聆听。

圆满了在伏虎寺大雄宝殿的开示后，希阿荣博堪布应信众祈请传授皈依

“一个人如果要想成为一名真正的三宝弟子，首先应该皈依。如果没有皈依，你进寺庙烧香也好，磕头拜佛也好，都还不能成为一个真正的佛教徒，只有如法地皈依三宝后，才能算是真正地进入了佛门。有的人可能认为我只要经常去寺庙拜拜佛就可以了，不一定要皈依，皈依也只不过是一种形式，这种想法是非常错误的。为什么呢？因为一个凡夫的心是很不稳定的，如果不如法皈依，即使今天拜佛，明天对佛法还有没有信心也不一定了。另外我们皈依三宝，是寻求三宝的加持，寻求从六道轮回中获得解脱。如果不皈依，就像一个落入大海之人不去主动寻求救护一样，是无法获得三宝究竟的加持的。释迦牟尼佛确实为利益众生安立了八万四千法门，可以说所有的众生都可以在佛法当中找到适合自己修持的法门，但在修

持这些佛法之前，皈依是一个前提条件。所以对于我们这些已经获得珍贵人身的众生来讲，这一生当中，没有什么比皈依三宝更加重要的事了。皈依三宝所获得的利益与功德是非常大的，如果仔细讲的话，可能几天都讲不完。今天我先讲一条，就是我们皈依了三宝，即使在这一生当中可能没有精进地修持佛法，但只要不破皈依戒，依三宝的加持，下一世肯定不会堕入三恶道中。”

现场已经没有一个人走动了，大家安静下来。见到信众都在认真地聆听，堪布继续讲道：“现在大家的心静了下来，那么便开始从心里发菩提心，发菩提心的内容就是我今天皈依三宝的目的，不是为了自己的身体健康、发财等，也不仅是为了个人的解脱，而是为了所有的众生能够脱离六道轮回，最终成就无上的佛果。如果为了追求世间福报与安乐而皈依，今生今世肯定无法获得解脱；如果为了个人的解脱而皈依，也不会获得佛果。这两种发心都不是上等的发心，现在大家以菩提心来摄持自己的发心很重要。你们今天皈依以后，修念佛法也好，拜佛也好，也一定不要忘记先发菩提心。皈依以后，有人可能会想，我皈依了三宝，以后只要念念经、磕磕头就能解脱，但如果你在念经、磕头时的发心不正确，这一世能不能解脱也是很难说的。以后大家每天修持佛法的时候，先观察一下自己的发心，比如我今天修持佛法，是为了自己，还是为了众生，如果是为了自己，这个发心就是错误的，一定要马上纠正。

“大家发了菩提心以后，心里一定要有一个坚定的誓愿，这个誓愿就是皈依三宝以后，无论遇到什么违缘，哪怕是遇到生命危险，也不舍弃上师三宝。只有具备了这样的信心，才是一个真正的佛教徒。在皈依的时候，形式上的皈依，比如取得一个皈依证、得到一个法名等，这不是很重要，从内心深处生起对上师三宝的信心才是一个佛弟子最应该具备的。如果你始终没有生起这样的信心，即使取得了皈依证，也不一定能成为真正的佛教徒。

“在皈依以后，要时时刻刻向上师三宝祈祷，不断地增上对上师三宝的信心。不能今天遇到了违缘才想到祈祷上师三宝，明天一切都很安乐就忘记了上师三宝。作为佛教徒，不论遇到什么情况，顺境也好，逆境也好，都不应该舍弃三宝，不应该忘记三宝的加持。今天皈依时大家这样发愿，今后也要时常这样发愿，这样才能获得上师三宝的殊胜加持。

“关于皈依的戒律，最主要的就是不能退失对上师三宝的信心，其他的还有一些。因为今天这里有很多是皈依多年的老居士，应该比较了解，而且这里的寺庙还有很多出家人，大家皈依后，也可以好好地向她们请教，在这里就不过多地宣讲了。好，下面大家一面发菩提心，一面跟着我念诵皈依的仪轨。”

开示后，堪布开始带领信众念诵皈依的仪轨，伏虎寺的出家人和一些已经皈依过的老居士也不愿错过这样的机会，一起跟着堪布念诵。在用藏文念诵后，堪布又用汉文带领大家念诵了一遍仪轨。随着堪布三声弹指声响，信众如法地皈依，于此佛教圣地完成了自己人生中一次重大的改变，正式成为释迦牟尼佛的弟子。

“现在大家已经进入了佛门，成了佛教徒。今后大家除了精进修持佛法以外，有一点还要特别注意，就是我们佛教徒在任何时候都不能伤害众生的心，这一点非常重要。比如说我们今后说话也好，做事也好，都不能伤害众生。如果我们学佛人没有慈悲心，随随便便就去伤害其他众生，那别人看到了我们这些不如法的行为，可能会对佛法产生不好的影响。大家作为佛弟子，一切对佛法不利的事都不能做。还有就是大家皈依后，在任何情况下都不要杀生，我希望你们最好能做到吃素。汉地与藏地的情况不同，做到吃素应该是很容易的。”

随着堪布的开示，时间也渐渐逝去。堪布回到住处，已是傍晚时分。

在普贤菩萨的道场传法灌顶

因为慈诚成利法师的祈请，堪布准备利用晚上的时间，为信众赐予文殊菩萨的灌顶。

晚饭刚过，堪布回到客厅时，信众已经将堪布房间内的客厅布置成了一个简易的佛堂，沙发两边摆上了鲜花，沙发前的桌子上放好了灌顶用的法器，信众当中不管是此次跟随堪布前来朝圣的弟子，还是刚刚在伏虎寺皈依的弟子，都静静地坐在地上等候上师。这里的布置可能比不上寺庙庄严，但也足以看出信众的信心与恭敬心。

堪布走上法座，开始带领大家念诵《八吉祥颂》《大自在祈祷文》等经咒。

念诵完毕，堪布开始了灌顶前的开示："今天成利法师祈请我为大家灌顶，我们在末法时期，遇到佛法是非常难的，遇到密法就更难。贤劫当中虽然有一千个佛出世度化众生，但密法只有几个佛出世时才得到弘扬。一个人虽然皈依了三宝，但在如法获得灌顶以前，不能算是密乘弟子，只有在得到灌顶以后，才算真正地进入金刚乘。所以大家一定要好好地珍惜这样的机会。另外在获得灌顶前，一定要先皈依，如果没有皈依就求灌顶是不如法的，今天下午大家已经皈依了，所以都可以参加灌顶。今天我给大家灌文殊菩萨的顶，在灌顶以前请大家先发菩提心，发菩提心的内容是，今天祈请灌顶不是为了个人的解脱和成就，而是为了所有众生的解脱和成就。"

开示后，灌顶开始了。

本师释迦牟尼佛因众生的根机不同，安立了八万四千法门，又因地域的不同，分为了藏传佛教、汉传佛教与南传佛教。各个教派可能修持的方法各有差别，但如一月普印于千江，所有的教法都是佛陀无量悲心与智慧的化现、是众生获得解脱与成就的津梁，并无本质差别。

待灌顶结束，已时近午夜。

万年寺：传说中普贤菩萨在峨眉山最初的道场

3 月 19 日，堪布此次朝圣的第二天一早，成利法师安排的车辆就停在了堪布住处的门外。堪布上车后，马上带领同车的弟子念诵《八吉祥颂》等经文。汽车在悠扬的诵经声中，徐徐启动。

三月的峨眉山已是满山绿色。车在山间行驶了一个多小时后，堪布与随行弟子来到了位于峨眉山中部的万年寺。

万年寺，坐落于峨眉山观心岭下，为峨眉六大古寺之首。寺庙山门匾额上的“大光明山”四个字异常醒目。这里就是普贤菩萨最初的圣道场地，所以平时来此游览与朝圣的人非常多。下车后，堪布开始招呼随行弟子一起在万年寺的山门外留影。听到堪布的招呼，大家马上在山门前分几排站好，这时不少来此朝圣的信众与游览的游人也不由自主地与大家站在了一起，争相与堪布合影，万年寺门外一时热闹了起来。堪布微笑着满足了所有人的愿望后，与大家一起走进了万年寺。

走进山门，万年寺果然是庙宇庄严，香火鼎盛。堪布也开始带领弟子一起供香。供香完毕，在成利法师的引领下，大家来到了著名的无梁殿前。无梁殿建于明万历年间，远看极似一尊金刚宝塔，因整个大殿未用一根梁柱而得名“无梁殿”。殿内供奉着 7 米多高的普贤菩萨骑六牙神象的佛像，这是峨眉山的标志之一。在无梁殿前，堪布让成利法师为大家介绍无梁殿的历史。

“无梁殿内的普贤菩萨像建造于北宋太平兴国五年，就是公元 980 年，佛像全部为铜制，是北宋的一个皇帝供养了三千两黄金在成都做成的。佛像当年开光时，很多人亲眼见到普贤菩萨于空中的五彩祥云中显现。无梁殿建于明代，因当时的木质阁楼毁坏，万历皇帝为母祝寿时重建，所以这里又叫‘圣寿万年寺’。在无梁殿上的狮子、象等是 1948 年修建的。”已在峨眉山修行多年的成利法师开始为大家介绍。待法师讲完，堪布开始用藏语为随行的藏族弟子们做起了翻译。

“这是我们来峨眉山朝圣的最主要的地方。”堪布说着从侍者手里接过哈达，第一个走到无梁殿的门外，开始一面念经一面顶礼。顶礼后，堪布来到这尊普贤菩萨骑六牙白象的佛像前，向佛像敬献哈达。

虽然刚刚听了成利法师的介绍，但进入无梁殿后，第一次来此朝圣的弟子还是被眼前的佛像深深地吸引了。只见普贤菩萨全身金色，头顶五佛宝冠，手持如意，底下是一金色莲花宝座。宝座之下为一头白色六牙神象，神象四蹄各踩一朵莲花。整尊佛像庄严华贵，令见者的恭敬之心油然而生。

进入无梁殿后，堪布又一次在佛像前顶礼，随行弟子也跟随着堪布在佛像前顶礼供养。见此情景，无梁殿的僧人也敲响了殿内的磬，一声声清脆的磬声和堪布念经的声音交汇在一起，在无梁殿内回响。待大家顶礼供养完毕，堪布让弟子坐在佛像边。这时一个弟子看见

在万年寺无梁殿供奉的普贤菩萨像前，堪布带领弟子们念经祈祷

殿内的地面全部是用石砖铺成的，便拿来一件衣服准备请堪布坐上，但马上被堪布拒绝。看到弟子们已经全坐在了佛像旁，堪布开始带领大家念经祈祷。一些到此朝圣的信众见此情景，也停下了脚步，恭敬地站在一旁，双手合十。

念经祈祷完毕，堪布站起身，开始右绕佛殿。刚才那些不曾相识的信众也跟随在堪布身后一起转绕，队伍越来越长。见到信众如此虔诚，跟随堪布前来的侍者也不时地将带来的观音菩萨见解脱法像拿出与信众结缘。能够在此地得到如此法宝，信众无不充满法喜，一个个跪在地上，双手恭敬地迎请法像，如此情景令见者感动。有些信众好像还不满足，又在殿前请求与堪布合影。每当此时，堪布都会慈悲地停下脚步，这一下周围又簇拥了很多人，堪布微笑着一一满足了所有人的愿望后，又一次来到无梁殿前，再次念诵了代表普贤菩萨十大愿王的《普贤行愿品》。

待经文念诵完毕，正当堪布与随行的弟子准备离开万年寺时，堪布的面前忽然出现了一名身穿汉地出家人袈裟的僧人。这位僧人好像根本没有注意到堪布身边的信众，径直来到堪布的面前，以藏族特有的礼节向堪布供养了象征吉祥的白色哈达。堪布微笑着接受哈达后，又将哈达回献给了这位僧人。无梁殿前的这一幕虽然短暂，但给现场的每一位信众都留下了深刻的印象。

朝拜峨眉山金顶的十方普贤圣像

圆满结束了万年寺的朝圣，堪布一行又登上旅游缆车，来到了峨

伫立于峨眉山金顶的普贤菩萨四面十方像

眉山的又一圣地——金顶。金顶，为峨眉山第二高峰，海拔 3000 多米。因峨眉山四景中的圣灯与佛光经常出现于此，所以所有来峨眉山朝圣的信众都一定要来金顶朝拜。当堪布一行走下缆车，来到金顶时，金顶之上雾气弥漫，雾气中，刚刚建成的高 48 米的普贤菩萨四面十方像，骑坐在四只六牙神象之上，巍然屹立于金顶。佛像全身金色，无比庄严。

在供香念经后，堪布走向佛像，一路上又不时有信众请求与堪布合影。当堪布快要走到佛像下面时，忽然一道金色的阳光穿透浓重的雾气，直照佛像，金色的阳光与金色的佛像交相辉映，在四周雾气的包围中显得分外耀眼，而此时整个金顶的四周，依然是一望无际的云海。这一神奇的景象让所有人都为之赞叹，弟子们也情不自禁地连称："吉祥！吉祥！"

在佛像前顶礼供养后，堪布与弟子依次坐在佛像前，开始念诵《普贤行愿品》等经文。随着经文声起，佛像头顶上的雾气开始慢慢地散去，蓝色的天空渐渐显露出来。

一排身穿红色袈裟的僧人整齐地坐在48米高的金色四方十面普贤佛像前诵经，再加上蓝天云海和四周一张张虔诚的面孔，觉悟家族的成员们在这海拔3000米的金顶圣地又一次欢聚在一起。

由于还要返回乐山与那里的信众见面，在朝拜金顶后，堪布马上乘上了开往乐山的汽车。

乐山：与佛教有着不解之缘的城市

乐山与峨眉山相距几十千米，古称"嘉州"，自古以来就是著名的佛教圣地。闻名中外的乐山弥勒大佛在历经千年沧桑后，如今已成为乐山的标志。而生活在这块佛教圣地的居士们的虔诚和纯朴也像乐山大佛一样，给所有与他们接触过的人留下了深刻的印象。

下午四五点钟，堪布的车稳稳地停在了乐山下榻处，得到消息的几十名当地的居士已经早早地恭候在那里。居士们沿着道路排成一排，一个个手托哈达，高高地举过头顶，供养上师。堪布边走边一一接过哈达，又重新戴在了信众的身上，将吉祥与福德又赐给了这些虔诚的信众。这是希阿荣博堪布第一次来乐山，而此时前来迎请的信众很快就将成为堪布在此地的首批弟子。

迎请仪式后，为了不让信众等太久，堪布顾不上休息，马上准备为大家传法灌顶。

灌顶还是在住处的客厅内举行。一百多名信众在堪布走上法座时向堪布顶礼供养。

"请大家坐下。"堪布一面用手示意大家坐下，一面用微笑与慈悲的目光同在场的信众进行着交流。"前不久成利法师来成都见我，他请求我一定要来峨眉山、乐山，与这里的学佛人结缘，而且请求我给大家灌顶。昨天在峨眉山我为那里的信众灌了文殊菩萨的顶，今天来这里，本来我没有准备给大家灌顶，只想先为大家传一下《上师供修法仪轨》和五加行修法的传承。但成利法师一再向我祈请，说大家对佛法的信心很大，希望能给大家灌顶。以这个因缘，我现在给大家灌一个莲花生大士的顶。"

第一次见到堪布就可以获得灌顶，座下的信众都显得很兴奋。

"可能有的人还没有皈依，灌顶以前一定要先皈依三宝，皈依后祈请灌顶才是如法的。

"皈依的时候，大家心里一定要发一个愿，就是从今以后，生生世世皈依上师，皈依佛，皈依法，皈依僧。发这个愿非常重要，而且要发愿自己将来即使遇到生命危险，也不舍弃上师，不舍弃佛、法、僧三宝。一定要发这个愿。作为皈依的佛弟子，发这样的愿是非常重要的……"

为大家讲解了皈依的戒律与要求后，堪布开始带领大家念诵皈依仪轨。

在跟随堪布念诵完皈依仪轨后，所有在场的信众都如法地进入了佛门。紧接着，堪布开始就密法的内容为弟子开示。

"今天我为大家灌莲花生大士的顶。莲花生大士是藏传佛教宁玛派的祖师，也是将密法传到藏地的最伟大的成就者。今天大家获得灌顶，是往昔所积累的无量福德在此时的一种显现，因为获得灌顶是非常难的一件事。在灌顶以前，上师与弟子之间，本来要观察很长时间。上师要观察弟子，弟子也要观察上师。因为这个原因，我在汉地给居士们灌顶的机会并不多。今天慈诚成利非常虔诚地代表大家向我祈请灌顶，他认为乐山的居士对上师三宝有非常坚定的信心。因为这个原因，今天我给乐山的居士灌顶。慈诚成利法师和我接触已经有几年了，通过我们的接触，我认为他对佛法非常虔诚，对我也非常诚实，人品很好。所以我也相信乐山的居士应该对上师三宝有坚定的信心。此外，乐山是非常殊胜的佛教圣地，这里有至尊弥勒菩萨的坛城。大家生活在这样的佛教圣地，又对上师和佛、法、僧三宝有坚定的信心，这是个非常好的缘起，所以我今天给大家灌莲花生大士的顶。在得到灌顶后大家一定要好好地修持佛法，只有这样才能获得成就和解脱，这一点大家一定要重视。我想我以后常常来这里的可能性不大，这次是慈诚成利法师祈请我到峨眉山和乐山，到现在已经向我祈请了差不多有几十次了。还有很多居士跟慈诚成利一起，也请求了很长时间。这次我来到这里，也是安排了很久，很不容易。将来如果你们真正地对上师三宝有信心，真正能精进修持佛法的话，希望我们会有第二次、第三次这样的机会。

“在开始灌顶之前大家要先发菩提心。与刚才皈依时讲的一样，今天大家祈请灌顶是为了一切众生脱离六道轮回获得佛的果位。在获得灌顶以前，持诵心咒也好，拜佛也好，还不能算是真正的密宗弟子。今天得到了灌顶以后，就真正成了密宗弟子。你们得到灌顶以后，一定要守持密乘戒律。我的普通话不好，所以今天给大家简单地讲一讲，以后你们一定要仔细看密乘戒律的法本，下面我讲一下五条根本戒。

“五条根本戒，第一，是我们对于自己所看到的一切都要观清净。这条戒律的内容是我们作为密宗弟子，对我们周围的一切显现，全部要观为清净，不仅仅应该如此地观想，从最究竟的意义上讲一切显现也确实如此。可能我们经过自己的观察，认为有很多显现是不清净的，其实是因为自己的心不清净，才会认为外面的显现不清净。实际上我们现在所看到的一切与法界没有区别，全部是清净的。所以将来一定要树立清净观。清净观在密宗的《大幻化网》里讲得非常清楚，将来有条件的话，大家一定要仔细地闻思。

“第二条根本戒是从今往后对上师不要有任何邪见，一定不要诽谤自己的上师，这一点非常重要。密法里面，一定要对上师有信心，因为一切成就主要依靠自己对金刚上师的信心才能获得。对上师没有信心，无论这一生如何修持都没办法获得成就。无垢光尊者等以前的传承上师们也全部是依靠对上师的信心获得成就的。不论是显宗还是密宗，不依靠对上师的信心而能获得成就的例子一个也没有，所以在灌顶以后，你们对上师一定不要有邪见和诽谤。如果由于自己的心不清净，看到上师有一些不如法的行为，一定要马上禁止这些想法，并立即从内心忏悔，如此观想：上师的一切行为全部是度化众生的善巧方便，只是由于自己的相续没有清净才看到上师的过失。在密法里面，金刚上师是最为严厉的对境，这一点大家一定要注意。

“第三条，求灌顶以后，一定要修持显密佛法。今天得到灌顶，比方说得到莲花生大士灌顶以后，修持莲花生大士的法门是可以的，有些人可能对其他佛菩萨有信心，那么修持其他的法门也可以。有很多人都来问我自己的本尊，其实大家不用问，你对哪尊佛菩萨有信心，就肯定与这尊佛菩萨有很好的因缘，这样就可以将这尊佛菩萨作为自己的本尊修持。每一个人在确定自己的本尊后，一定要用一生的时间去修持，而且任何时候都不能舍弃自己所修持的本尊，不能今天确定这个本尊，明天又对另一个本尊有信心，从而放弃原来的本尊去修另一个本尊。修本尊时可以发愿，自己这一生当中念诵本尊心咒一亿遍。今天得到灌顶以后，如果不修法、不观想、不持诵心咒的话，经过一定的时间，就很容易破密乘戒，所以大家一定要注意。

“第四条根本戒是关于金刚兄弟。从大的方面讲，所有获得密宗灌顶的人都是金刚兄弟，而在一起参加灌顶的金刚兄弟，关系就更加密切，相互之间不能闹矛盾。如果有了矛盾一定要及时地真心忏悔，不要让矛盾过夜。比如说，今天大家在一起参加了灌顶，所有参加灌顶的人都成了金刚兄弟，从今以后，你们之间一定不要有仇恨和嫉恨。金刚兄弟之间不团结，互相仇恨和嫉恨的话，就是破了密乘戒，果报非常大。除此之外，也不要在背后说金刚兄弟的坏话。乐山的居士有没有这种情况我不知道，如果有，大家一定要在今后避免。

“在汉地，我确实看到过有的地方有一些居士不是很团结。居士之间分了许多派别，有的人甚至还把上师也作为派别一起加以区分，根本没有将上师视为赐予自己解脱与成就的善知识来恭敬随侍，也不管这位上师是不是具足法相的上师，完全以自己的分别念妄加评判，比如这是我的上师、那是你的上师等等。对于学佛人来说，将社会上一些不好的行为习气带到学佛团体当中，有很大过失。如果让社会上一些还没有学佛的人知道，他们可能因为这种行为就对佛法失去信心，如此也会给佛教带来非常不好的影响。我们作为学佛人，可能并没有对佛法做出什么贡献，但绝不能做出给佛法带来损害的事情。不然的话，可能以后不学佛的人会越来越多。所以大家一定要注意，从今以后学佛人要团结和合，这个非常重要。

“第五条根本戒是密法里面有很多秘密的窍诀和方便的修法，这些内容不要泄露给还没有进入密乘的人，因为密法当中的这些窍诀与方便修法都有甚深的密意，有的人可能会因为各种原因无法理解，这样很容易对密法产生邪见。如果一个人从自己的内心对密法产生了很深的邪见，这样果报很大，而且有些很秘密的修法如果泄露出去，对自己的修行也会产生很大的障碍，所以这一条大家也要重视起来。这是第五条根本戒。简单来说，密乘五戒就是这些内容，除此之外还有密乘十四条戒律等等，以后大家还要好好地看法本。”

堪布为所有的信众讲解了密乘五戒后，开始为信众灌顶。灌顶进行了两个小时。待灌顶结束后，时间已经很晚了，但因第二天就要离开乐山，堪布又与弟子们进行了交流。

“我来乐山前听慈诚成利讲，乐山的居士在共修金刚萨埵法门，这非常好。今后大家在共修的时候，要严格按照法本的要求和内容修，比方说，前面念加倍咒，然后《八吉祥颂》、供养仪轨、发心仪轨、《大自在祈祷文》等等，然后进入金刚萨埵修法仪轨，在一天的修法结束时，念诵《普贤行愿品》发愿回向。刚才我在灌顶前念经时，发现好像还有人不会念课诵集，比方说《八吉祥颂》《大自在祈祷文》《普贤行愿品》等等，大家今后要精进一点，在我将来第二次来乐山的时候，课诵集里面的基本内容，你们最好能背下来，到时候我们一起念诵，这样就会非常好。

“另外，还有一件事我要和大家讲一下。慈诚成利依止了我很长时间，我也观察了他很久，我本人没有什么神通，但通过观察，我认为成利法师是一个非常好的出家人。我说他好，是因为：第一，他不贪图钱财；第二，他的心地非常纯正。他出家也好，修法也好，是真正地为了自己与众生的解脱。所以通过观察，我认为他是一个很好的出家人。比较而言，大家可能跟他接触得更多，可能也更了解他。听说他在给大家讲《普贤上师言教》，今后大家可以在他面前好好地听这部经典。在汉地的一些地方，听闻佛法的机缘有时不是很具足，现在能有这个机会，大家一定要好好珍惜。以前他也多次和我讲过，很想到藏地求法，有些时候还想去其他地方修行。我对他说，你与峨眉山和乐山有缘，暂时不要去其他地方。乐山很缺乏讲佛法的人，从其他地方请一位讲经说法的上师也非常不容易。他这个人生活很简单，只需要有一个简单的住的地方，吃一点点东西就可以，不需要你们很多的照顾。比方说好房子、好吃的，这些都不需要，他是一个非常简单的出家人。你们要珍惜这些机会，好好跟他求一求法，遇到善知识求法是非常好的。将来他会不会长期待在峨眉山、乐山也很难说，过几年有可能就离开这里去其他地方了。那个时候，你们会想：哎呀真可惜，慈诚成利在的时候，我们要是向他学法多好啊！现在不在了，没人为我们讲经说法了。到了那个时候，后悔也没用了。现在他在的时候你们一定要好好珍惜，认真地闻思。

“我今天给大家传了很多法，也希望你们能够精进地修持。但今后是不是精进修持是你们自己的事。如果修持的话肯定会解脱的，如果不修持的话，我也没办法。另外，我这次来乐山的时间比较短，明天就离开。在我离开的时候想组织大家一起护生。在我离开乐山后，我非常希望大家能坚持护生，将来你们长期护生是非常好的。如果能做到，最好一个月里面至少要护生两次以上，以后大家要尽自己的力量护生。护生的时候钱多也可以，少也可以，没关系的。有钱的居士可以多出一点儿，没有钱的人出力也可以，只要大家发心清净，功德是一样的。比方说，市场里买鱼，护生地放鱼，这样出力和出钱所获得的功德是一样的。刚才来的路上我也观察了一下，乐山护生的条件还是非常具足的。

“我那里有一些《普贤上师言教》的法本，明天送我的人会给你们带回来，发愿修持五加行并且看十遍以上的人，我每人结缘一本。

法本是信众自己出钱印的，得到的人一定要珍惜，好好地看。今天很多人皈依了，可能有的人比较喜欢皈依证，但其实有没有皈依证不是很重要。真正的皈依刚才也讲了，从内心里对三宝有信心，才是真正皈依。今天我们结上了很好的缘分，人身难得，我非常希望大家以后好好地修持佛法，严格地守持戒律。”

时间不知不觉已经到了深夜，但获得法雨甘露的居士毫无困意。这时堪布再一次双手合十，对大家讲道：“大家得到灌顶后，已经真正进入了密乘，现在请大家一起跟我念诵，念诵的内容是在上师和莲花生大士面前发愿：即使自己遇到生命危险，这一生也绝不破密乘戒律。大家一面心里发愿一面跟我念诵。”说着，堪布开始带领所有的弟子发愿。

在这万籁俱寂的深夜，希阿荣博堪布带领他刚刚授受的一百多名弟子发下誓愿，大家念诵誓言的声音在这不大的房间内回响着。

3 月 20 日一早，堪布刚刚用过早餐，乐山大悲寺的当家师常恒法师就来到堪布的住处，因为大悲寺准备兴建一座观音殿，常恒法师此行特意迎请堪布到大悲寺赐予加持。

大悲寺内为信众开示传法

大悲寺始建于清光绪年间，距著名的乐山弥勒大佛不远。现当家师常恒法师与几名尼众在此带领当地的居士修行显密佛法，是一个显密双修的道场。

堪布的汽车来到大悲寺山门前，就见寺内钟磬齐鸣，经旗飘扬。

尼众与居士组成的迎请队伍已经迎出了寺庙山门一百多米远，见堪布到来，所有信众马上跪在地上。一个居士手持香炉在前面引路，后面的居士高举经旗，跟随堪布缓缓而行，大家口中不断地念诵着“南无本师释迦牟尼佛”走进大悲寺的大殿。堪布于法座上安坐后，信众马上向堪布顶礼供养。

今天来的居士中有的人昨天已经拜见过堪布，有的是第一次与堪布见面，但在大悲寺内见到堪布，大家好像都有一种说不出的亲切感，没有人觉得陌生。待信众顶礼完毕，堪布开始与大家交谈：“我这次朝拜峨眉山和乐山大佛，本来没有准备传法灌顶。但因为成利法师一再向我祈请，看到大家对佛法非常虔诚，信心很大，所以我在峨眉山、乐山都为信众灌顶传法了。到乐山以后，因为大悲寺要修建一个观音菩萨的佛殿，常怛法师邀请我来大悲寺加持一下，所以我今天来到了这里。刚才看到你们对佛法非常地恭敬，我也很欢喜。我希望你们将来能够好好地修持佛法。我们现在的这个人身非常难得，佛法也非常难遇到。而乐山是一个佛教圣地，现在在汉地能遇到这样的各种因缘都十分具足的地方，大家一定要珍惜。这里的寺庙也非常不错，确实是非常好的学佛的地方，所以有条件的时候你们一定要修持佛法。与汉地其他地方相比，乐山不算是很大的地方，但是与大城市比，比如北京、上海等，这里的学佛条件是非常难得的。有条件的时候你们一定要重视，要修持佛法，这是非常重要的。我从学佛到现在，显宗、密宗都是一起修的，你们将来有缘的话，一定也要显密共同修持。

“现在有一些不理解藏传佛教的人诽谤密宗，不理解汉传佛教的人诽谤显宗，这样的人根本没有理解佛法。真正理解佛法的人，对待藏传佛教也好，对待汉传佛教也好，是绝不会诽谤的。大家都是本师释迦牟尼佛的弟子，藏传佛教与汉传佛教都是释迦牟尼佛传承下来的清净教法，我们作为释迦牟尼佛的弟子一定要相互团结。另外将来大悲寺的出家师父，或者是慈诚成利法师给你们讲法的时候，一定要好好学习。经过闻思，你们对佛法的道理才会理解，理解佛法以后再修持的话，会非常容易获得成就。如果不经过闻思，不懂佛法就去修持的话，一般根机的人很难修成。以后，这里的出家人和慈诚成利法师要常常为大家传讲佛法。

“今后你们在闻思佛法或者是修持佛法的时候，一定要有菩提心和出离心。没有出离心修持的话，不会获得解脱；没有菩提心，不会成佛。所以一定要在自己的相续当中生起真实的出离心和菩提心，这样不管是闻思，还是进入实修，都会很快获得成就。因为今天下午我们要去朝拜乐山大佛，还要一起护生，时间比较紧张，就不在这里过多地讲了。昨天没参加灌顶的居士，我带了观音菩萨见解脱的法像和照片，只要发愿圆满念诵‘南无阿弥陀佛’二十万遍，我便结缘给大家。在峨眉山的时候，有很多人请了法像，大家都发愿念诵了，如果能够一起共修的话，所有人都可以获得共修的功德。所以拿到法像后，大家最好能共修。

“另外，我去汉地的寺庙，一般听到的念诵是‘南无阿弥陀佛’。我刚才来大悲寺时，你们在门口迎接我，大家念诵了‘南无本师释迦牟尼佛’，这是我第一次听到迎请我时念诵释迦牟尼佛的圣号，这个缘起非常好。释迦牟尼佛是贤劫第四佛，现在我们所修学的佛法全部是本师释迦牟尼佛传承下来的，所以释迦牟尼佛对众生的恩德很大。在释迦牟尼佛之后成佛的就是贤劫第五佛弥勒佛。弥勒佛将来也会在印度的金刚座示现成佛，示现成佛后在南赡部洲广转法轮，利益众生。乐山的大佛就是弥勒佛像，在这里有弥勒菩萨的殊胜坛城，所以这里与峨眉山一样，是极具加持力的佛教圣地。今天的缘起真的很好。刚才我来的时候有人向我祈请护身符，以这个缘起，我同意与大家结缘。得到护身符的人要发愿在这一生当中圆满念诵本师释迦牟尼佛圣号一百万遍。”听到堪布的介绍，信众的情绪也开始高涨，用上师法像制作的护身符也发到了在场信众的手上。

开示结束后，堪布在常恒法师的陪同下，来到大悲寺准备修建观音菩萨殿处，开始念诵遣除违缘的经咒，赐予加持。

乘船朝拜乐山大佛

从大悲寺出来，堪布直接来到乐山码头，乘船朝拜著名的乐山大佛。

乐山大佛，始建于唐代，佛像依山而建，整个工程历经九十年才完成。至今虽然已历经千年，但70多米高的佛像依然无比庄严，再加上佛像依山傍水的独特地理环境，使佛像与四周的山水景色浑然一体，更加显得气象非凡。

当船行至大佛身前的水面时，堪布开始念诵祈祷经文，向佛像顶礼供养，所有弟子也马上一边念诵经文，一边与堪布一起向佛像顶礼。因为当天还要在江边护生，所以在朝拜乐山大佛后，堪布无暇观看江上的美景，马上返航。回到岸上后，已经是下午时分，一行人匆匆吃了点儿东西，又在堪布的带领下，来到了江边。

在江边，乐山的居士已经沿江岸自动排成了两排，两车刚刚从市场上买来的幸运的鱼儿此时也静静地待着，好像已经感觉到自己的命运将从此改变。

乐山地处三江交汇之处，江面宽阔，水流湍急，易放难捕，简直

历经千年风雨的乐山大佛，依旧保持着雍容的盛唐风貌

是天然的护生场所。为了能让这些鱼儿回归自己的家园，堪布站在装着鱼儿的车旁开始念经加持，居士们也开始用汉语念诵仪轨。藏、汉两种语言的经文传送到了这些众生的耳根之内，也在它们的相续中种下了解脱的种子。

念经后，居士们开始将鱼放入江中。这时，护生的居士忽然发现本来应该顺江而下的鱼儿被放入江中后，又逆水而上，重新回到护生现场，一个个奋力跃出水面，在水面上溅出了朵朵浪花。见此情景，居士们也兴奋地鼓掌欢呼，江边顿时热闹了起来。在信众充满法喜的欢快情绪中，护生圆满结束了。

随着护生的圆满完成，希阿荣博堪布也结束了此次峨眉山、乐山的朝圣之行，在慈诚成利法师的陪同下，于当天晚上返回了成都。

结语

希阿荣博堪布在峨眉山、乐山的朝圣结束了。透过上面的文字您可能看到一位无比忙碌的上师，也可能看到一位具无量悲心的上师，其实这短短的三天时间，只不过是堪布几十年弘法利生当中极为普通的三天。

根据许多高僧大德对希阿荣博堪布所做的授记，凡是与希阿荣博堪布结缘的众生都会获得无量的利益。

自从堪布离开峨眉山、乐山后，许多居士开始了精进的闻思，并在常恒法师与慈诚成利法师的带领下，定期举行护生，坚持至今。而居士们五加行的修法也已经开始了共修……堪布播撒的佛法甘霖，已经开始滋润这块古老的土地。

因堪布此行与乐山弟子结下的因缘，2006 年 7 月，常恒法师与慈诚成利法师又带领数十名乐山弟子来到堪布在家乡德格的闭关中心，成利法师还带领部分弟子围绕闭关中心磕大头顶礼一周。他们返家后，于乐山等地的佛法讲修更加增上。

2006 年 11 月，希阿荣博堪布在自己生日之际，应乐山弟子们的祈请，与来自全国各地的数十名弟子又一次来到乐山，并在乐山大佛佛像前护生。护生后，堪布再一次来到大悲寺，为所有参加护生的弟子授了居士戒。最后，堪布又一次带领弟子们来到峨眉山的伏虎寺，于普贤圣地最初摄受弟子的寺庙中，与信众共同念诵《普贤行愿品》发愿、回向。

笔者在参加完上师生日的护生活动回来后，回想起上师的诸多行仪，经常情不自禁地想到一句话——“圣者利他之心愿，凡夫利己之心所不及”，虽然已经忘了此话的出处，但总觉得用这句话来形容希阿荣博堪布如普贤菩萨般的利生行为极为贴切。为了能让更多的弟子对上师三宝生起信心，更为了让等同于虚空般的如母众生能够尽快寻找到曾于多生累劫中救度自己的，与诸佛功德无别的上师，笔者将上师此行如实记录。

本文完成之际，一场久盼的瑞雪降临京城，窗外一片银色世界，几十天滴水未降的土地得遇甘霖。今之瑞雪乃来年丰饶之兆，吉祥如意！

2006 年 12 月

第五章

九华山

旅游小贴士

• 九华山

九华山位于安徽省池州市青阳县。古称九子山，传说因李白的诗句“昔在九江上，遥望九华峰。天河挂绿水，秀出九芙蓉”而更名为“九华山”。九华山尚存古刹近 80 座。唐代新罗国的金乔觉法师（金地藏）驻锡九华山中苦修，感动世人，信众遂建化城寺以供养。金地藏圆寂后肉身不坏，后人建塔供奉，化城寺也成为地藏菩萨灵迹，地藏道场从此名声渐播。

• 甘露寺

甘露寺位于九华山北麓化城峰半山腰定心石下，与祇园寺、东崖寺、百岁宫并称九华山“四大丛林”，由清康熙年间洞安和尚募建。据说甘露寺开工前夕，漫山树顶都挂满白露，故名。甘露寺是祈愿众生安康的药师佛道场，依山布局，是北路朝山必经之地。古人曾对甘露寺有过“屋角泉声落，床头岚气过”“到此禅关宿，方知山色多”的赞叹。

• 神光岭肉身宝殿

肉身宝殿位于神光岭上，是供奉金地藏肉身的地方，俗称“老爷顶”，又名“月身宝殿”，始建于唐代。相传在为金乔觉建造墓塔时，岭上夜间“发光如火”，故将此地命名为“神光岭”。塔内正面供金地藏塑像，还供奉着一百多尊地藏菩萨。一千多年来，肉身宝殿虽有兴废，但始终气魄非凡，一直是人们的必朝之地。

• 天台寺

天台寺位于九华山的天台峰顶，是九华山位置最高的寺院，也是朝拜九华山地藏圣迹必到之处，自古就有“不上天台，等于白来”之说。相传唐时金地藏曾在此居住，并留有“金仙洞”遗迹。20 世纪 90 年代中期重建后形成现在的规模。重建后的天台寺耸立山巅，与周边峰、石、洞融为一体。

• 地藏禅寺

地藏禅寺位于九华前山一天门下，始建于南宋，原名“大桥庵”，其由来与金地藏有殊胜的渊源。相传，唐时金乔觉法师驻锡九华山修菩萨道并最终成就佛果，圆寂三年后颜貌如生。人们便将其肉身供奉在石塔中，后又建“肉身宝殿”。至此，九华山声名远播，成为与五台文殊、峨眉普贤、普陀观音相并称的地藏菩萨应化道场。

• 化城寺

化城寺即现在的九华山历史文物馆，坐落于群山之中的九华街盆地，南对芙蓉峰，北倚白云山，东邻东崖，西接神光岭，四面环绕如城，素有“内外峰围涌玉莲”之称。化城寺始建于东晋时期，是地藏菩萨道场，九华山全山百寺之首，也是九华山的开山祖寺。寺内有九华山十景之一的“化城晚钟”，朝山之人无不前来聆听此古钟圣音。

• 旃檀林

旃檀林位于九华山街西南，始建于清康熙年间，为化城寺七十二寮房之一。据传初建时，僧人伐寺后琵琶形山丘上古树，见其木质坚硬，纹络纤细，颇具异香，乃喻之为佛家珍品旃檀树，谓琵琶形山丘与佛经记述的南印度牛头山（以盛产旃檀树闻名）相似，故以“旃檀林”为寺名。全寺规模宏大，蔚为壮观。

• 百岁宫

百岁宫位于九华山插霄峰摩天岭上，原名“摘星庵”，又名“万年禅寺”，始建于明代。百岁宫内供奉着九华山著名的“肉身菩萨”之一——无暇禅师。相传，禅师在九华山东崖峰结茅，耗用二十八年，刺舌血拌金粉抄写了《大方广佛华严经》，124岁时坐化，肉身百年不腐。寺内的五百罗汉堂，千姿百态，气势壮观，为目前我国四大佛山所仅有。

• 祇园寺

祇园寺位于九华山东崖插霄峰西麓，原名“祇树庵”，相传曾是释迦牟尼在世时居住的地方，非寺非院而是精舍，所以改名“祇园”，或称“孤独园”，现代一般称“祇园禅寺”。祇园寺始建于明代，此后屡屡翻新扩建，如今的规模已位居九华山全山寺院之冠。祇园寺是九华山寺庙中唯一的宫殿式建筑，大雄宝殿内的三尊佛像，为九华山最大。

• 苏州重元寺

重元寺位于苏州阳澄湖畔，原名“重玄寺”，清时为避康熙皇帝讳，改为“重元寺”，一直沿用至今。重元寺始建于南北朝，与寒山寺、灵岩寺、保圣寺为同时代建筑。重建后的重元寺有国内最高的水上观音阁，其大雄宝殿规模宏大，殿阁崇丽，展现着水天佛国的庄严。

九华山

甘露寺

神光岭肉身宝殿

天台寺

地藏禅寺

化城寺

旃檀林

百岁宫

祇园寺

苏州重元寺

大愿地藏王菩萨的道场——九华山

“愿我自今日后，对清净莲华目如来像前，却后百千万亿劫中，应有世界，所有地狱及三恶道诸罪苦众生，誓愿救拔，令离地狱、恶趣、畜生、饿鬼等。如是罪报等人尽成佛竟，我然后方成正觉。”

这是《地藏菩萨本愿经》中记录的地藏菩萨于因地时为救拔母亲而在诸佛面前所发的誓愿。后来菩萨的这个誓愿被总结为“地狱不空誓不成佛，众生度尽方证菩提”。无量劫以来，地藏菩萨依愿度众，于恶趣中度化了无量罪苦众生。

如今地藏菩萨的应化道场安徽九华山，已经成为无数虔诚佛子朝拜的圣地。2011 年 5 月，正在上海调理身体的希阿荣博堪布因缘和合，决定利用调理的间隙前往九华山朝圣。

此次朝圣，堪布除朝礼了九华的诸多圣迹外，还为发心皈依的信众授予皈依戒和《金刚经》的传承。5 月 23 日，藏历三月二十一日，是地藏菩萨的节日。这天以不可思议的缘起力，信众在堪布的引导下成立了护生组，发愿定期护生。

虽然当时跟随堪布朝圣的只有三个地区的信众成立的护生组，但消息一经传出，很快得到了各地佛子的响应，大家开始在自己的家乡，从死亡的怖畏中救度众生的生命。在不到一年的时间内，生命被解救的众生数以亿计。

“我们在九华圣地成立护生组，一定是地藏菩萨的加持！这次九华山的朝圣真的很有意义。”从九华山返回的路上堪布曾经这样说道。几天后，堪布就为刚刚成立的护生组起名“普贤护生”。现在让我们再仔细回味堪布的这段话，大家一定会对此有更深的了解。相信我们解救的每一条生命，都会得到地藏菩萨的度化与加持，而我们跟随堪布解救众生生命的事业也一定是大愿地藏菩萨利益众生的事业的一部分。

虽然众生痛苦烦恼无尽，但诸佛菩萨的“智悲行愿”亦是无尽，直至众生度尽。

此文之撰写完成于堪布九华山朝圣一周年之际，间隔虽然有点久，但经过一年的沉淀，也正好可以让我们从另外的角度来理解堪布此次朝圣的意义。

甘露寺内讲述地藏菩萨的由来

“坚牢地神白佛言：世尊，我从昔来，瞻视顶礼无量菩萨摩诃萨，皆是大不可思议神通智慧，广度众生。是地藏菩萨摩诃萨于诸菩萨誓愿深重。世尊，是地藏菩萨于阎浮提有大因缘。”

——《地藏菩萨本愿经》

这天早上 8 点钟左右，希阿荣博堪布乘车离开驻锡了两天的古城南京，前往大愿地藏菩萨的殊胜道场九华山，开始了一次不同寻常的朝圣之旅。

就在堪布从南京出发的同时，一场及时的春雨在几百千米外的九华圣地悄然飘落，天公也好像知道今天将有一位圣者莅临九华。雨水将这里连日来的炎热与积聚在空中的尘埃冲洗得干干净净，雨中的圣地更是一片清凉。

时过中午，位于九华山化城峰半山的甘露寺前显得热闹非凡，甘露寺的住持藏学法师与寺庙僧人和得到堪布即将前来朝圣这一消息的信众一起集聚在甘露寺的山门前，等待堪布的到来。

下午 3 点钟左右，堪布的车缓缓驶到了甘露寺，待堪布走下车，藏学法师特意以藏族的礼仪献上了一条哈达。接过法师献上的哈达，堪布也将一条象征吉祥的哈达回献给了藏学法师。藏汉两位上师在甘露寺前显现出的相互尊敬，让现场的佛弟子深受感动。在信众“南无本师释迦牟尼佛”的唱颂声中，希阿荣博堪布在藏学法师的陪同下，走进了甘露寺。

九华山甘露寺，始建于清代，是九华圣地的四大丛林之一，著名的九华山佛学院也坐落于此，多年来，佛学院的僧人在这里精进地闻思修行。

在藏学法师的引领下，堪布一行率先来到了甘露寺的大雄宝殿。在殿内供奉的本师释迦牟尼佛像前，堪布顶礼供养，然后在佛像前供养哈达。顶礼毕，藏学法师带领甘露寺的出家人和居士拜见堪布。随后，藏学法师请堪布来到了甘露寺的禅房——启贤楼。

落座后，堪布与藏学法师开始了交流。

“五台山、鸡足山等地的历史，我比较了解。九华山的历史只是听居士们讲了一些，知道这里是地藏菩萨的道场，但具体的历史不太了解。法师您能不能给我介绍一下？”刚刚坐定，堪布就向藏学法师询问道。

“好的，九华山是汉地的四大佛教名山之一。在汉地有这样一种讲法：四大佛教名山代表了佛教中的悲智愿行。九华山是大愿地藏菩萨的道场。这个愿，是明知不可为而为，以一种大的情怀面向众生。”听到堪布的询问，藏学法师开始给堪布简单地介绍九华山的历史。

禅房外，春雨依然下个不停，雨滴落在屋檐上，发出有节奏的滴答声，雨声与窗外悄然吹进的沁人心脾的湿润空气，让已有几百年历史的甘露寺显得更加与众不同，再加上这里满山的茂林修竹，更让人心旷神怡。

“汉地寺庙地理环境和各方面条件真的非常好，以前我去过一些汉地的寺庙，环境都非常好，只是寺庙的出家人太少了。”也许是被这里的环境所吸引，刚刚听完法师的介绍，堪布说道。

“是的，汉地寺庙的物质条件和环境都非常好，但我们的心灵还需要像雪域高原那样纯净。所以上师您这次来到甘露寺，我们都非常高兴。”藏学法师说道，短短几句话，让大家对藏学法师博大的胸怀深感钦佩。

“我只是普普通通的一个出家人而已。法师刚才提到藏汉佛教，其实，汉传佛教、藏传佛教都是释迦牟尼佛传下来的教法，只是因为众生的根机不同而安立了不同法门而已，我们都是佛陀的弟子。大家应该互相支持和帮助，弘扬佛法，这样一定会利益更多的众生。如果互相排斥，佛法就根本没办法弘扬了。”听了藏学法师对藏传佛教的赞叹，堪布又不由得谈到了不同教派间的相互支持。

“是的，佛弟子本来就应该互相支持！”藏学法师也深有同感地讲道。

这时几位负责安排堪布九华山朝圣之行的弟子来到面前，向堪布汇报了此次朝圣的行程。听到今天晚上在甘露寺过堂（即用餐）后

九华山朝圣的第一站，希阿荣博堪布来到了甘露寺

将在甘露真身殿供灯的安排，堪布马上打断了弟子的话："在寺庙吃饭一定不要忘记给钱啊。"

"是，已经都安排好了，这次朝圣，供灯、供斋等所有费用，由参加朝圣的师兄们平均负担，这样大家一定会非常欢喜。如果上师同意，一会儿就通知大家。过堂后，就安排供灯。"弟子回答道。

"太好了，能在圣地供灯是我多年来很大的心愿。"说着，堪布又转向藏学法师，双手合十表示感谢。

在堪布与藏学法师交谈的过程中，虔诚的佛弟子已经静静地等在甘露寺的大雄宝殿前。希阿荣博堪布在九华圣地的第一次开示就安排在这里。

接着，在藏学法师的陪同下，希阿荣博堪布来到了现场。待堪布落座后，藏学法师拿起了话筒："我刚才和堪布进行了简单的交流，堪布特意嘱咐我，让我给大家讲一讲九华山的来历。现在让我们把时间推到距今已有一千多年的唐代，当时在如今的朝鲜半岛，有一个新罗国，新罗国的王子叫金乔觉。他出家后就来到了九华山修行，经历了无数的苦行，直到99岁时他才圆寂。"

"金乔觉尊者圆寂后法体被保存在这里，三年后信众发现尊者法体面色如生，搬动法体时还会发出如金锁般的铮铮之声，这些瑞相都与经文中记录的地藏菩萨的显现完全一致。这时人们才恍然大悟，原来是圣者菩萨应化人间。于是金乔觉尊者就被人们视为地藏菩萨的化身，尊者修行了几十年的九华山也因此成了地藏菩萨的应化道场。"

简单地介绍了九华山的历史后，藏学法师继续讲道："堪布能来到九华山，来到甘露寺，我心里非常高兴，大家都看到了，今天是甘露普降。刚才在和堪布交流的时候，我和堪布也谈到了佛法的弘扬，特别是有感于现在的生活环境对佛法和修行人的影响。我想西域的智慧、雪域的文明，离世尊、离原始佛教是最近的。现在请大家生起欢喜之心，恭请堪布为我们开示。”

在甘露寺为信众传承《金刚经》

藏学法师开示后，堪布开始带领大家念诵《八吉祥颂》和《大自在祈祷文》等祈祷的颂词。雨声伴随着堪布与信众的念诵声回响在九华山的上空。这让堪布不由得想起当年在喇荣五明佛学院时的情景，祈祷毕，堪布说道：“在五明佛学院，每年会召开四大法会，其中就有普贤云供法会，在法会上，僧众们会念诵地藏菩萨心咒和圣号，在干旱的时候，只要僧众祈祷地藏菩萨，就会天降甘露。地藏菩萨的加持力非常不可思议。”听着堪布为大家宣讲五明佛学院僧众祈祷地藏菩萨时常会出现的种种瑞相，信众对九华山更有了一种亲切感。

“在来这里前，我听弟子们讲我们朝拜的第一个寺庙就安排在甘露寺。甘露寺，一听到这个名字我就觉得非常吉祥，今天到这里也是甘露普降，缘起非常好，我想我们这次朝圣一定会非常圆满。”

大殿前不时滴下的雨声让现场显得更加安静。

“来之前我听一位弟子讲过一个真实的故事：几年前，一个公司的负责人带着自己的员工到九华山。这位负责人不信佛，但他的一位员工是非常虔诚的佛弟子，每到一个寺庙一定要朝拜供养。这样一直拜到天台。在天台，负责人当时看到一位出家人正在打瞌睡，对员工献上的供养显得不太在意时，便烦躁地走上前对员工说道：

‘够了吧！’听到他这样过激的言行，员工自然不敢再供养。

“说完这些话，负责人也意识到在这里不应该说这样不恭敬的话，开始担心自己会出什么问题。果然下山后刚一出山门，他就觉得自己的腰在一阵疼痛后就直不起来了。开始还觉得可能是旧病复发，但回家后，治疗了几个月都没有任何效果。后来他又让那位员工陪他来九华山忏悔，当天正赶上漫山大雪，但他仍一个寺庙一个寺庙地朝拜。待朝拜完毕走出山门，他的腰竟然不疼了。在经历了这件事情后，这位负责人也开始相信因果。”

听完堪布的讲述，信众中发出了一阵善意的笑声，待大家安静，堪布继续讲道：“我给大家讲这个故事的目的是想告诉大家，虽然佛菩萨对众生的悲心无量，即使有众生不恭敬，佛菩萨也绝对不会惩罚任何人。但因果不虚，我们来到圣地朝拜，一定要心怀恭敬，发清净心清净愿，否则一定会有很大的因果。”

“刚才有人祈请皈依，来这里前还有人祈请《金刚经》的传承。我想，这里是地藏菩萨的道场九华山，今天是藏历三月二十日，明天正好是二十一日地藏菩萨的节日，在这么庄严的经堂前，又听弟子们讲甘露寺的法师戒律非常清净，所以大家能在这么好的因缘具足的时候皈依是非常殊胜的。”

接着，堪布就皈依后如何守持皈依的戒律等给大家作了开示，然后开始引导大家发愿生生世世皈依上师三宝，纵遇命难也不舍弃三宝。在堪布的摄受下，现场虔诚的信众在九华圣地进入佛门，成为三宝的弟子。皈依圆满后，堪布开始为大家念诵《金刚经》的传承。

雨越下越大，此时雨声、堪布念诵传承的声音汇集在一起，传入了信众的耳中。

传法持续了近一个小时。

传法圆满后，大家在藏学法师的引领下，朝拜了整个甘露寺。在

甘露寺普降甘露，堪布为信众传授皈依

九华山佛学院的讲堂内，堪布还仔细观看和了解了僧人们闻思修行的情况。

天色渐晚，在甘露寺的饭堂过堂后，大家就齐聚到甘露寺真身殿，为供灯做着准备。

朝拜甘露寺内供奉的不坏真身

九华山地处南方，气候温暖潮湿，但在这里却保留有一些高僧大德在一世修行后留下的不坏真身，令世人惊叹。这一极其稀有的现象可以说是圣地九华的不共功德之一。甘露寺内就建有一座真身殿，殿内原供奉常恩法师的不坏真身，后因众生福报浅薄，常恩法师的法体在一场浩劫中被毁于一旦。现在真身殿内供奉的是近年圆寂的慧成法师的法体。

堪布到达真身殿的时候，殿内慧成法师的法体周围和真身殿外，已经摆满了一盏盏供养的油灯。堪布的带领下，大家开始一一点燃油灯。油灯放射出的光亮映照着一张张虔诚的佛弟子的脸庞，在点燃油灯的同时，大家不由自主地开始低声唱颂起“南无地藏王菩萨”。随着夜幕的降临，已经全部点燃的油灯在大殿外和殿内供奉的真身周围形成了两个绚丽的光环，光环在漆黑的夜色中显得格外醒目。随后，堪布将随行的信众召集到真身殿内，带领大家念诵《普贤行愿品》发愿回向。

供灯圆满结束后已是深夜，按照行程的安排，堪布今晚要住在神光岭的一家招待所，那里距地藏菩萨肉身宝殿仅几十米之遥。供灯圆满后，大家马上冒雨启程，前往神光岭。藏学法师还特意安排了甘露寺的两位出家师父随行，为堪布一行做此次朝圣的向导。

神光岭肉身宝殿：地藏菩萨真身安住之地

“地藏，地藏，记吾今日在忉利天中，于百千万亿不可说，不可说一切诸佛菩萨天龙八部大会之中，再以人天诸众生等未出三界在火宅中者，付嘱于汝。无令是诸众生堕恶趣中一日一夜，何况更落五无间及阿鼻地狱，动经千万亿劫无有出期。”

——《地藏菩萨本愿经》

神光岭，九华山最著名的圣地之一，被后人尊称为“金地藏菩萨”的金乔觉尊者示现圆寂后法体就安放在这座山岭之上。相传尊者示现圆寂时“山鸣石陨，扣钏嘶嘎，群鸟哀啼，地出火光。”随后的日子里人们更是常常看到这里发出奇异的神光，于是就将这座山岭起名为“神光岭”。三年后，当人们再见圣者法体时，法体栩栩如生，故僧众尊为地藏菩萨，建肉身塔供奉。如今这座佛塔就安放在神光岭的肉身宝殿内，正所谓“殿内有塔”。此地也成为信众朝礼九华山时必至的圣迹之一。

今天恰巧是藏历三月二十一日，殊胜的地藏王菩萨的节日。

天刚蒙蒙亮，大家就起床了，此时窗外下了一夜的雨也终于停了下来。但雨过天未晴，雨水化成了阵阵浓雾，整个九华山都笼罩在雾中。远远望去，若隐若现的山峦间，座座寺庙散落其中，正如古人所说“九华一千寺，撒在云雾中”。

不到 7 点，匆匆用过早餐后，堪布就带着随行弟子们穿过浓雾，来到供奉地藏菩萨肉身的肉身宝殿前。此时还没有游人，耳畔不时传来寺庙僧人们早课的诵经声。在殿前稍事停留，堪布开始一边念诵供养仪轨一边燃香，然后站在大殿前双手合十，念诵祈祷的颂词。弟子们也拿出随身带来的香点燃，不约而同地唱颂“南无地藏王菩萨”。祈祷毕，堪布一行走进了肉身宝殿。

肉身宝殿并不大，正中供奉着大愿地藏王菩萨佛像，佛像后就是著名的地藏菩萨肉身佛塔。

“这里就是地藏菩萨的肉身宝殿。地藏菩萨真正的肉身就在这座佛塔内。”一进大殿堪布就对弟子们讲道：“九华山最主要的殿就是这里，大家现在拿出课诵集，念诵《普贤行愿品》，好好发愿。发愿的事昨天我们已经说过了，一定要发心清净。”听到堪布的话，大家纷纷拿出随身携带的课诵集，开始念诵《普贤行愿品》。堪布也开始双手合十，带着几位随行的藏族师父祈祷发愿。

藏汉两种语言的诵经声在肉身宝殿内回荡。

当年佛陀将要示现圆寂时，赴忉利天宫为母说法，宣讲的就是利益了后世无量人天众生的《地藏菩萨本愿经》。在忉利天宫，大愿地藏菩萨在世尊面前发愿度化末法时期的罪苦众生。在诸佛菩萨为利益众生而发下的殊胜誓愿中，地藏菩萨的愿力最为诸佛所赞叹："如文殊、普贤、观音、弥勒，亦化百千身形度于六道，其愿尚有毕竟，是地藏菩萨教化六道一切众生，所发誓愿劫数，如千百亿恒河沙。"(《地藏菩萨本愿经》)。今天，希阿荣博堪布与虔诚的佛弟子们，在地藏菩萨的肉身佛塔前，发下了弘法利生的誓愿，这样的弘愿也必定会融入地藏菩萨的无涯愿海之中。

念经、祈祷仍在继续。

当念诵到大恩上师法王如意宝的祈祷文时，堪布从身上取出一条哈达，抛向面前的地藏菩萨圣像，然后双手合十，弯腰以头礼佛像下的基座，长时间祈祷发愿。看到眼前的情景，弟子们慢慢地停止了念诵，大殿内渐渐安静下来，时间仿佛在这一刻凝固。相信此时地藏菩萨与十方诸佛正在聆听着堪布发下的誓愿，如同当年世尊与十方诸佛聆听地藏菩萨所发誓愿一般，而肉身宝殿此时就宛如当年的忉利天宫。

今天在肉身宝殿内的这一幕已深深地刻在了此次跟随堪布朝圣的佛弟子们的脑海中。

不知过了多久，堪布慢慢起身，开始一边念诵地藏菩萨圣号，一边转绕肉身宝殿，弟子依次跟在堪布身后，肉身宝塔前形成了一条转绕的人流。

走出肉身宝殿，堪布特意把大家召集在大殿前合影。一片欢声笑语中，肉身宝殿前留下了一张"九华山朝圣全家福"。

神光岭肉身宝殿内，堪布向地藏菩萨圣像供养哈达

在天台朝拜地藏菩萨的脚印

朝圣的下一站是位于九华山最高处的天台。

九华山的天台，有一处极其殊胜的圣迹，即现在供奉在古拜经台内的一双地藏菩萨脚印。古拜经台又名“大愿庵”，位于天台的一处山坳处，相传当年“金地藏菩萨”曾在此处拜诵《华严经》，并以神通力在岩石上留下了一双清晰的足印。

来到天台，堪布首先走到了古拜经台。安放“金地藏”脚印的佛殿不大，此时已经挤满了前来朝拜的信众。地藏脚印被一个厚厚的有机玻璃罩罩住，这里的工作人员不时示意来这里朝拜的信众和游人，让大家跪在有机玻璃罩上许愿。按照工作人员的示意，信众排着队跪在地藏足印上虔诚地许下各自的心愿。大家对地藏菩萨的信心不言而喻，但以凡夫之身立于圣迹之上，实在缺乏起码的恭敬心，也很不如法。刚刚走进拜经台的堪布看到这一幕，马上高声说道："大家在脚印下面顶礼供养就可以，不要站到脚印上面。"但堪布的声音很快就淹没在嘈杂声中，除提醒了身边的少数信众外，对旁人好像没起到什么作用。无奈中，堪布在地藏足印前顶礼供养后，走出拜经台，在佛殿前念经祈祷。

拜经台的旁边，就是天台著名的万佛楼。与拜经台的佛殿不同，万佛楼高大宽绰。走进万佛楼，堪布带领弟子们开始在佛像前顶礼供养，然后示意大家念诵《普贤行愿品》。佛弟子们席地而坐，念经祈祷。诵经毕，堪布取出一条哈达，走到佛像前供养。供养后在堪布准备离开佛殿时，一位弟子向堪布祈请《文殊大圆满基道果无别发愿文》和《前译教法兴盛之愿文》的传承。

"传法会不会时间太长了，我们这么多人，寺庙会不会同意？"听到弟子的祈请，堪布问道。

弟子们马上去询问一位在这里看殿的出家师父。万佛楼的师父听到大家的请求，欣然同意。于是堪布重新回到殿内，与大家席地而坐，拿出法本开始传法。

《文殊大圆满基道果无别发愿文》和《前译教法兴盛之愿文》都是当年全知麦彭仁波切为祈祷宁玛派教法特别是无上大圆满法长盛不衰，应弟子祈请而作。麦彭仁波切是大智文殊师利菩萨的化身，以圣者不可思议的发愿力，凡愿文念诵之处，宁玛派教法必定会广为弘扬。今天在九华圣地庄严的万佛楼，希阿荣博堪布应弟子的祈请为大家念诵传承，相信以此甚深缘起力，曾经利益无量人天的宁玛派教法必定会得到更广地弘扬。

就在堪布为大家念诵传承时，万佛楼内一阵法鼓声起。原来堪布传法时，法相庄严的堪布与虔诚听法的佛弟子，让刚才那位看殿的师父深深地感动，他不禁走到法鼓旁，敲响了万佛楼内的法鼓。法鼓声伴着堪布的法音在圣境的上空回荡，震动苍穹。

随着传法的圆满，堪布脸上流露出欢喜之情。走出万佛楼，堪布还饶有兴致地来到了天台最高处——号称龙脉的“青龙背”。跟着堪布登上山顶，大家才感到此处的确气象非凡，蜿蜒的山脊犹如一条巨龙在云雾中穿行。此时阵阵浓雾正从山脚向上涌来，很快雾气就笼罩了整个山顶，待雾气稍散，天台对面的“十王峰”豁然出现在眼前，这正是九华山“十王朝地藏”的胜景。

站在“龙脊”之上，淡淡的云雾中，堪布红色的袈裟显得格外耀

万佛楼传法圆满后，堪布来到天台最高处“青龙背”

眼。稍做停留，堪布双手合十，向着东南西北四个方向打出了各种手印，然后将几位随行的藏族师父叫到身边，让弟子们拍照。此情此景让弟子们激动不已，大家纷纷拿出相机拍照，希望能将这难忘的景象化作永恒。而此时不少弟子似乎已经意识到了什么，心中暗想：上师此次九华山之行，必定会给汉地众生带来不可思议的利益。

结束天台的朝圣已是下午时分，因为已经朝拜了九华山最主要的地藏菩萨肉身宝殿和天台的地藏脚印，部分弟子准备第二天就回家。商量后，大家决定今晚向上师供斋，跟随上师朝圣，并在圣地一起供养上师，这也是大家几天来的一个心愿。

在肉身宝殿前供灯许愿

随着夜幕的降临，在神光岭招待所的餐厅内，供养的斋饭已经摆放好，弟子们静静地等着堪布的到来。随着一阵爽朗的笑声，堪布与几位出家师父来到了餐厅。

应供前，堪布开始带领出家师父们念诵简供仪轨，为弟子积累资粮，遣除修行的障碍。

晚餐后的安排是在地藏肉身宝殿前供灯。因为朝圣即将圆满，晚餐的气氛显得非常轻松，堪布还不时地和弟子开着玩笑。餐后，当大家准备前往肉身宝殿时，堪布示意弟子围拢过来，语重心长地向大家讲出了自己多年来的一个心愿：“多年前，我就有一个心愿：希望大家无论平时工作多忙，每个月至少抽出一天的时间护生并一直坚持下去。大家虽然以前都护生，但你们当中还没有坚持定期护生的人。如果能坚持定期护生，大家可以在培养自己慈悲心和菩提心的同时，解救更多众生的生命。

“众生追求安乐，避免痛苦，与我们人类完全一样。这方面没有什么复杂的道理可讲，所有人都能亲眼看到。我们在众生即将失去生命的时候，通过自己的付出和努力，解救它们的生命。在护生的时候，大家念诵佛菩萨的经咒，用佛像经书加持，在挽救众生生命的同时，还能为它们种下解脱的种子，这对众生有非常大的利益。

“另外，参与护生，对于我们积累资粮清净业障也有很大的帮助。所以在将来护生的时候，大家还可以叫上自己的亲戚朋友，学佛人也好，还没进入佛门的人也好，参与护生就一定会获得利益。关于护生的功德你们很多人都知道，护生对我们今生和来世都有很大的利益。”

刚才还有些喧闹的餐厅，此时此刻却异常安静。大家都在仔细地聆听着堪布的开示。

“以前在次第花开网站发起共修护生的时候，总有信众通过网站的邮箱索要护生账号，网站的工作人员和我说过以后，我有时会想最好大家能自己去护生。这是因为担心有人在发心护生的时候一时冲动，发心后又产生后悔心。还有就是发心护生以后，自己又产生疑惑：这些钱是不是真正地用于护生了。如果有后悔心和疑惑，功德就难以圆满，所以有时候我真心希望大家自己去护生。因为自己发心护生后，亲自到市场购买生命放生，看着那些即将失去生命的众生通过自己的努力获得自由，心里清清楚楚，不会疑惑，更不会后悔，这样功德才会圆满。

“释迦牟尼佛当年是为了众生才转法轮的，我们护生也要发心清净。人的能力有大有小，这很正常，但不管能力大小，发心一定要清净。有人行持了善法功德以后，喜欢到处招摇，生怕别人不知道。这样做实在没有必要，如果有这样的想法，你可要好好地观察一下自己的发心了。不仅仅是护生，将来大家行持善法，一定要发心清净，学会隐藏自己的功德。

“最后，也是最重要的，就是护生组内一定不要有矛盾。不管我们行持任何善法，相互支持都是最重要的前提。比如从显宗到密宗，相互排斥的话，不用说解脱，将来一定会堕入恶趣，这个道理相信大家都是知道的。如果护生时产生矛盾，会让还没有进入佛门、刚刚想学佛的人看到佛弟子护生的时候有很多矛盾，他们很可能由此就不再学佛，这不但断了他人的善根，还会给佛法带来很大的损害。我们可能做不到弘法利生，但绝不要因为自己不如法的行为给佛法带来损害。”

堪布语重心长的开示让弟子们受益匪浅，大家双手合十，表情专注。餐厅此时俨然成了一个法会现场。

“现在我们在地藏菩萨的圣地，今天又正好是地藏菩萨的节日，非常殊胜。我刚才观察了一下，这里北京、上海、青岛的师兄比较多，这三个地方可以先成立护生组，定期护生。作为缘起，每个护生组我先给一些护生款，将来大家有条件可以多放，没条件少放，但我希望护生一定要坚持下去。”

说着，堪布将这三个地区推举出的负责人叫到自己身边，为三位负责人献上了吉祥的哈达，并将自己的护生款郑重地交到了弟子的手上。

“下面我们大家一起念诵《八吉祥颂》和《大自在祈祷文》，祈祷将来的护生事业顺利吉祥。”

在堪布的提议下，弟子们一起跟着堪布念诵。念诵甫毕，堪布拿出一尊水晶释迦牟尼佛像说道：“这尊水晶佛像是一位弟子刚刚供养给我的，刚才说了，今天是地藏菩萨的节日，又是在地藏菩萨的圣地，我们又刚刚成立了护生组，缘起非常好。大家在释迦牟尼佛像前好好发愿，将来的护生事业一定会得到佛陀和地藏菩萨的加持。”

说着，堪布一边念诵地藏菩萨圣号，一边将佛像放到每位弟子头顶加持。

即将到肉身宝殿供灯（上图），堪布讲出了多年的心愿：希望弟子们坚持定期护生以解救更多生命。这次开示成为普贤护生成立的缘起。随后，堪布为弟子们赐予加持（下图）

带着堪布的加持，大家来到地藏菩萨肉身宝殿前供灯。供养的油灯被一盏盏点燃的同时，大家不约而同地低声吟诵地藏菩萨圣号。在油灯的光亮中，低低的唱颂声在圣地的夜空中飘荡，传向远方。

不知不觉中已经时近午夜，夜色中的圣地万籁俱寂，远处的群山与近处肉身宝殿的轮廓在此时显得更加凝重。当所有的油灯都被点燃的时候，堪布让大家一起念诵《普贤行愿品》，发愿回向。就在这时，九华山的上空降下了丝丝细雨。细雨中的圣地显得更加静谧，仿佛大愿地藏王菩萨与十方诸佛都在一起聆听堪布与弟子们发下的誓愿，这飘下的雨丝，也许就是佛菩萨洒下的加持的甘露。

诵经后，堪布离开现场。闪烁的灯光中，望着堪布的背影，大家心中积聚已久的情感开始涌向心头。“丹波道博丹巴夏吉嘉（佛法教主本师释迦王）”，也许此时此刻只有这首祈祷文才能表达大家的心境。不知是谁唱出了第一句，弟子们马上跟着轻声唱起了上师的住世祈祷文——《天王尊胜》。

地藏禅寺　化城寺　旃檀林　百岁宫　祇园寺

“汝观吾累劫勤苦，度脱如是等难化刚强罪苦众生，其有未调伏者，随业报应。若堕恶趣，受大苦时，汝当忆念吾在忉利天宫殷勤付嘱，令娑婆世界至弥勒出世已来众生悉使解脱，永离诸苦。”

——《地藏菩萨本愿经》

已经跟随堪布朝拜了地藏肉身宝殿、地藏脚印等圣迹，部分弟子决定返回家乡。朝圣队伍一下“缩小”了不少。相信这天对于堪布来讲，应该是难得“闲暇”的一天。

这天一早，用过早餐，堪布一行就沿石阶而下，准备朝拜九华山的几座主要寺庙。与刚来的时候相比，现在大家的身心都比较放松，也正好可以好好地欣赏一下圣地的风光：整个九华山由九座山峰环抱，山峰之上白云缭绕，山下的新旧街区错落有致，山间的寺庙几乎都是依山而建。所谓山中有寺，寺内观山，圣地的景色真是美不胜收。

走进山下的地藏禅寺，堪布在一尊庄严的阿弥陀佛佛像前边念经边顶礼供养。走出佛殿，一位以磕大头方式朝圣的汉地出家人走进了大家的视线。看到堪布一行身着藏地出家人的法衣，这位出家人稍稍迟疑后，继续磕头前行。在汉地看到这样的修行人比较难得，

朝圣路上遇到一只小狗，堪布停下来为它念经加持

几位弟子马上上前供养。

“这位上师是五明佛学院的希阿荣博堪布吧？”接受了居士们的供养后，这位出家人问道。

“是希阿荣博堪布。”大家回答道。

“我以前在五明佛学院学习过，还向堪布求过法。”出家人道出了原委。

“那您要不要去拜见堪布？”今天有这样的机缘，大家也都觉得有些意外，问道。

“不用了，我修得不好。”说完，出家人向着堪布的方向顶礼后，继续磕头前行。

走出地藏禅寺，经过几条街区，眼前出现了一座水池。

水池不大，旁边立着一块石碑，石碑上刻有“放生池”三个字，水中游着各种颜色的金鱼。堪布径直走到池边，双手合十，为池内的众生高声念诵宝髻佛的圣号。因宝髻佛曾经发下殊胜愿力，众生听闻宝髻如来的功德不可思议：所有听闻到宝髻佛号的众生，死后转生天界，永不入恶趣。看来今日在池中的众生，福报可谓大矣。

绕过放生池，就是九华山著名的化城寺。当年“金地藏”尊者于九华山中苦行时，被附近进山打柴的乡民看到，大家立即对尊者生起无上信心，发心在此为尊者建立一座寺庙，化城寺也就成了九华山最早的一座寺庙。如今当年的化城寺已经改为九华山历史文物馆，展出一些在九华山发现的文物。站在化城寺外，遥想一千多年前那位圣者的苦行与那些被圣者的苦行深深打动的信众，真让人感慨万千。走进化城寺，堪布特意请这里的一位工作人员讲解化城寺的历史：“您能不能告诉我，为什么说到九华山朝圣一定要来化城寺？”不知道是不是要观看一下缘起，堪布向这位工作人员提出了这个问题。但这位工作人员似乎对自己工作多年的这座文物馆的历史并不怎么了解，支支吾吾地讲不出所以然。

走出化城寺，穿过几条街巷，堪布一行来到了旃檀林。与古老的化城寺不同，这里全新的建筑风格已经让人看不出寺庙的历史有多久远，但一座座精美的石雕还是让人叹为观止。看着看着，堪布嘱咐弟子用照相机拍下来，传给正在扎西持林的丹增尼玛喇嘛，看能不能对扎西持林正在修建的莲师坛城有些帮助。

离开旃檀林已是中午时分。匆匆吃过午饭，堪布一行开始沿着一条蜿蜒的山路向上缓行。山顶上就是著名的百岁宫。早在明代，一位高僧无暇和尚云游至此。在这里无暇和尚仅以野果为食，用舌血和金粉，耗时二十八年，抄写了被誉为“经中之王”的八十一卷《大方广佛华严经》。经文至今保存完好，已经成为九华山的镇山之宝。无暇和尚圆寂后出现肉身不腐、面色如生、夜见霞光等瑞相，其法体现在仍被供奉在寺庙内，而这位高僧124岁的年龄也成了百岁宫名字的由来。

走进百岁宫，堪布在无暇和尚的法体前念经祈祷，献上了哈达。

从百岁宫出来后，堪布又来到九华山花台景区。此时放眼望去，对面的群山轮廓恰好构成一尊天然卧佛。卧佛头枕天台群峰，面朝天际，形象慈祥逼真，真可谓“横看是山，竖观为佛”。堪布赞叹之后，招呼随行弟子在此天然卧佛前合影留念。

堪布此行在九华山朝拜的最后一座寺庙是位于九华腹地的祇园寺（又名“祇园禅寺”）。祇园寺最初建于明代，清代高僧隆山和尚又进行了整修。后来隆山和尚在此弘法布道。隆山和尚圆寂前召众徒告别时告诫众人：“严持净戒，毋负余志”。言毕，端坐狮子座而逝。三年后，隆山和尚肉身不腐。当时僧众将隆山和尚的法体保留供奉，但在此后的一场浩劫中，大师的法体被毁于一旦。如今祇园寺已经成为九华山规模最大的一座寺庙，香火鼎盛。

走进祇园寺，已经是傍晚时分，此时正好是僧人上殿做晚课的时间，各种法器的声音伴着僧人悠扬的诵经声从大殿内传出，见此，堪布在殿外燃香供养后，还饶有兴致地走进大殿驻足观看。

走出祇园寺，天色渐晚。堪布此次九华山朝圣圆满结束。

吉祥如意！

苏州重元寺护生

5 月 24 日，已经圆满了九华山朝圣，希阿荣博堪布在这天一早返回上海。

中午时分，途经苏州。一个看似偶然的机会，堪布一行来到了坐落在阳澄湖畔的苏州重元寺。在重元寺内朝拜时，堪布听到寺庙的僧人介绍，在寺庙观音阁前的近万亩水域由寺庙管理，专门用于护生，严禁捕捞。

“我到过汉地和海外的很多地方，这样适合护生的地方还是第一次看到。众生生活在这里，不仅非常安全，还可以经常看到佛像和出家人、听到出家人念经，这对它们的利益大到不可思议。我们刚刚在九华山成立护生组，就遇到这样适合护生的地方，这一定是地藏菩萨赐予的加持。”走出重元寺时，堪布这样讲道。几天后，堪布为刚刚成立的护生组起名“普贤护生”。

6 月 2 日，上海“普贤护生”的第一次护生就安排在重元寺，这天共救护 100 多万条生命。

一年多以来，各地佛弟子开始在自己的家乡定期护生，解救生命，从未间断。

结语

这章内容，除笔者在跟随堪布朝圣时的所见所闻外，很多师兄都提供了无私的帮助，大家在朝圣时拍摄的视频、照片以及朝圣归来后记录的文字，对本文的完成启发很大，在此深表感谢。我也真心地随喜各位师兄道友的清净发心和功德。由于弟子学浅笔陋，文章难免存在错谬之处，在此也先向大愿地藏王菩萨和金刚萨埵佛尊至诚忏悔。

“唯愿世尊不以后世恶业众生为虑，如是三白佛言，唯愿世尊不以后世恶业众生为虑。”这是世尊在示现圆寂前，将后来恶业罪苦众生咐嘱地藏菩萨，菩萨在佛前发下的誓愿。《地藏菩萨本愿经》在汉地流传很广，我也不知道恭诵过多少遍，但每当读到这里，泪水总是情不自禁地流下来……

本文成稿时，正值记录堪布此次九华朝圣的纪录片《心愿》在次第花开网站播出。相信透过影片中一个个鲜活的镜头，大家会对堪布此次朝圣之行有更深的理解，对地藏菩萨的加持也会有更深的感受。

南无大愿地藏王菩萨摩诃萨！

此次朝圣圆满后，堪布的足迹已经先后到过五台山、普陀山、九华山和峨眉山等圣地。大智文殊菩萨、大悲观音菩萨、大愿地藏菩萨、大行普贤菩萨共同代表了佛法中的“智悲愿行”。相信在圆满朝拜了汉地这四座佛教名山之后，必将会有更多的汉地众生获得利益。

2011 年 8 月

第六章

鸡足山

旅游小贴士

• 祝圣寺

祝圣寺位于鸡足山半山腰处，原名“迎祥寺”。因山形丰隆圆起，位于两涧中间，从四周环视好像钵盂置于胸前，故又名“钵盂庵”。祝圣寺始建于明嘉靖年间，清末虚云大师发愿募化扩建，历时十年终成十方丛林大刹，后光绪帝赐名“祝圣护国禅寺”。祝圣寺在古木丛中倚山就势，四周红墙绿树交相辉映，规模堪称鸡足山群寺之冠。虚云大师在祝圣寺驻锡十余年，寺中现供奉有大师法相。

• 华首门

华首门位于鸡足山顶峰天柱峰西南的天然绝壁处，相传是释迦牟尼佛十大弟子之一的迦叶尊者守释迦佛法衣入定等待未来弥勒佛出世的地方，因此被称为“中华第一门”。华首门南侧的金鸡泉，相传是迦叶尊者入定时，因石门已关，徒弟追赶不及痛哭boundary聚泪而成。传说此泉能治眼病，又称“眼药泉”。华首门前有“饮光双塔”（迦叶尊者又称“饮光佛”）。夏秋之际，在此还可欣赏鸡足山八景之一的“华首晴雷”，蔚为壮观。

• 金顶寺

金顶寺位于鸡足山主峰天柱峰顶，海拔 3240 米。天柱峰因高峻挺拔，状如擎天巨柱而得名，又因在此可东观日出，南观彩云，西观苍山洱海，北观玉龙雪山而被称为“四观峰”。金顶寺主要建筑有铜铸“金殿”、楞严塔、白族风格的山门以及山门前的睹光台等，是鸡足山的重要景点和朝拜处。

祝圣寺

华首门

金顶寺（铜殿和楞严塔）

鸡足山在佛教历史中的记载

据佛经记载，昔日释迦牟尼佛于灵山会上，拈花[1]示众，众皆默然，唯迦叶尊者深解佛意，破颜微笑。世尊曰："吾有正法眼藏，涅槃妙心，付嘱于汝。"复告迦叶："吾将金镂僧伽黎衣传付于汝，转授补处，至慈氏佛出。"迦叶尊者头礼佛足，恭顺佛意。至世尊圆寂，迦叶尊者于王舍城集结正法三藏。后将正法三藏付嘱阿难，独往鸡足山，持世尊所付黎衣，于华首门入定。

待至尊弥勒佛下生此间时，亦将登临鸡足山，至迦叶尊者入定处，弹指间，山峰自开，时迦叶授衣致辞，礼敬毕后，身升虚空，示诸神变，化火焚身，遂入寂灭。

由以上佛经记载可见，鸡足山乃迦叶尊者入定之所，亦是弥勒将来之处，其与佛教因缘，千万亿年不会断绝。所以迦叶尊者入定之华首门，乃南赡部洲不可多得之佛教圣地。

1997年，集十方三世诸佛功德于一身、肩负佛法再弘伟业的四

[1]《大梵天王问佛决疑经》说：梵王至灵山，以金黄色波罗花献佛，请佛说法。世尊拈花示众，并不说法，一时百万人天皆不解其意，独迦叶尊者破颜微笑，佛因传以涅槃妙心。

1997年法王如意宝朝礼鸡足山时在华首门为信众作开示

川色达喇荣五明佛学院院长法王如意宝晋美彭措率四众弟子登临鸡足山，朝拜了诸多圣迹。并于华首门前，为随行的四众弟子授记："至至尊弥勒下生时，你们必为首批眷属。"在此次朝圣期间，法王还以不可思议的神通力，认定了一千多年前印度祖师无著菩萨于此苦行十二年的山洞。遣除了后人的诸多疑惑。

2006年初，堪布亦跟随法王足迹朝礼鸡足山。此次朝圣，堪布虽然在鸡足山只停留了一日，随行弟子却在堪布的引领下，好像走过了佛法住世与广弘的千年时光。

在此次跟随堪布朝圣后，笔者心里暗想，如不将此行记录下来，对诸多已对堪布生起真实信心的道友而言实为可惜，所以虽感智浅笔拙，仍斗胆提笔记之。如有错谬之处，在此向上师三宝至诚忏悔。

祝圣寺朝拜禅宗泰斗虚云大师

位于滇西的鸡足山是闻名遐迩的佛教圣地。而距鸡足山70千米远，以“风花雪月”四景著称的古城大理，在千年以前就已成为佛法兴盛之地。据史书记载：“此邦之人，西去天竺为近，其俗多尚浮图法，家无贫富，皆有佛堂，人不以老壮，手不释数珠，一岁之间斋戒过半，绝不茹荤饮酒。”故被誉为“妙香古国”。[1]

1997年，已于汉藏及海外广弘佛法的法王如意宝晋美彭措上师朝礼鸡足山时，就是以大理为始。此次被法王亲自授记于未来时将广弘教法的希阿荣博堪布循法王足迹朝礼鸡足山，亦由此“妙香古国”出发。近十年的时光虽已过去，而法王如意宝也已于两年前就离开了我们，但堪布与法王所走之路，却没有一丝不同。

2006年2月6日早，随着汽车的徐徐开动，我们踏上了此次朝圣之旅。上路伊始，车辆环洱海而行，车窗外满目的苍翠景色，让3个多小时的行程也显得并不那么枯燥。而就要到达心中久盼的圣地，也让随行弟子们都不免有些兴奋。时近中午，我们到达了佛教圣地鸡足山。

鸡足山因山中有三峰峻起，后托一岭，山脚相连，山形酷似鸡足，故而得名。昔日祖师迦叶尊者在释迦牟尼佛圆寂后，来到鸡足山，于此持佛赐祖衣入定，以待弥勒下生。而此处也正是被称为“小兜率天”的至尊弥勒菩萨的道场。所以鸡足山与五台山、九华山、普陀山、峨眉山被共誉为中国佛教的五大名山。而鸡足山所独处的藏传佛教、汉传佛教与南传佛教交汇之处的地理位置，以及释迦牟尼佛在佛经中的明确授记，使得鸡足山在佛教各教法中的地位更加特殊。

到达鸡足山后，我们请了一位比较了解鸡足山历史的出家人宏玉法师作为此行的向导。平易近人的宏玉法师已在鸡足山修行多年，

[1] 上述文字出自元代郭松年的《大理行记》。

鸡足山祝圣寺供奉的虚云老和尚法相

在他的引领下，我们先来到了位于鸡足山腹地的祝圣寺。

祝圣寺，又名“钵盂庵”，始建于明嘉靖年间。庙宇坐落于鸡足山南麓钵盂山下，北山山形丰隆圆起，四周环视好似一钵盂置于巨人胸前，故而得名。清光绪三十年（1904 年），汉地著名高僧虚云和尚为振兴鸡足山祖师道场于此驻锡，并筹集万两黄金重建寺庙，光绪皇帝也赠予寺庙许多珍贵的三宝所依，并亲自为寺庙起名“护国祝圣寺”。

虚云老和尚长达一百二十年的极富传奇色彩的人生经历在汉地早已家喻户晓，特别是至尊文殊菩萨两次于虚云老和尚病难时亲自现前救护的故事，至今仍然被人津津乐道。

到了祝圣寺，宏玉法师特意将我们引到供奉虚云和尚法像的佛殿。佛殿正中供奉着虚云老和尚的佛像，佛像全身金色，神态安详，无比庄严。房屋四周陈列了许多介绍虚云老和尚生平的照片。

进入佛殿后，堪布认真地询问了宏玉法师有关虚云老和尚的事迹后，开始带领弟子在虚云老和尚的佛像前顶礼供养。并以藏族特有的礼节向虚云老和尚的佛像敬献了哈达。

“其实源自本师释迦牟尼佛的汉藏佛教本为一家，藏传佛教也好，汉传佛教也好，都是本师释迦牟尼佛传承下来的清净教法，没有什么分别。一般的世间人都很讲团结，而我们作为佛教徒就更没有理由不团结。”堪布平时经常这样告诫弟子。

华首门：大迦叶尊者在这里入定

从祝圣寺出来，堪布即向宏玉法师询问去迦叶尊者入定处华首门的事宜。这时我们得到了一个不好的消息：因为是春节长假后的第一天，上山的索道检修停运，这不由得让弟子们都担心起来——堪布自春节前就患上了严重的感冒，二十余天，一直未愈，至今还发着低烧，身体非常虚弱。而堪布的母亲也已年逾古稀，徒步上山，困难可想而知。

在宏玉法师的提示下，有的弟子开始为堪布和堪布的母亲联系上山的滑竿。为了不耽误时间，自觉体力不太好的弟子也决定骑马，有些弟子则决定跟随堪布步行上山。

“我们此行能不能见到迦叶尊者？”不知是不是要观察一下此行的缘起，临上山前，堪布突然问了一下准备陪同我们一同上山的宏玉法师。“只要有缘，一定可以见到。”宏玉法师回答道。堪布与宏玉法师的这一问一答，真可谓因缘和合，看来此次朝圣我们肯定会圆满吉祥。

上山开始了，一路都是绵延向上的石阶，爬起来非常吃力。上山前弟子们早已与滑竿的主人谈好了价钱，可看到抬滑竿的工人吃力的样子，堪布基本上还是步行着上山，并一直鼓励身边的弟子。堪布的母亲也经常从滑竿上下来步行。看来今天这两个滑竿老板的生意真的比较“划算”，但弟子们心里都不免暗暗担心堪布还处在病中的身体。

在登上了一段陡峭的台阶后，我们来到了鸡足山著名的寺庙——迦叶殿。由于时间关系，我们未能进寺朝拜。刚刚走过迦叶殿的正门，正在步行的堪布突然让抬滑竿的工人把滑竿放到路边，堪布坐到了滑竿上，闭上双眼，好像入睡一般。也许是堪布身体太虚弱了，弟子们都不免有些担心，但谁也不敢上前打扰，一个个静静地坐在一旁。

略带寒意的山风轻轻吹过，堪布坐在滑竿上一动不动，时间在迦叶殿前好像停止了一样。大约过了30分钟，堪布才慢慢地睁开了双眼，这时法慧师兄走到堪布面前，轻轻地问了一句：“师父，迦叶尊者和您说什么了？”于此时此地的这一问，真是灵气十足，堪布也忍不住会心一笑，但并没有回答，只是举起手放在法慧师兄的头上加持。师徒二人在迦叶殿前的这一问一笑，让我们这些比较愚钝的弟子也觉得堪布刚才的举动的确非比寻常。事后我们得知此迦叶殿内供奉着世界上现存最大的迦叶尊者的佛像，并保存有一块迦叶尊者曾经打坐的石板。

过了迦叶殿不远，就到了我们此行最主要的目的地——华首门。

华首门由天然形成的两扇巨大石门组成，高40多米，宽20米，石门上布满哈达，周围还有一些经幡，再加上此地海拔近3000米，景观与藏地非常相似。两千五百年前，当迦叶尊者主持完成了佛法经、律、论三藏宝典的第一次结集后，遵世尊法旨，持佛所赐黎衣到达鸡足山。当尊者到达华首门时，此石门自开，尊者进入石门，入定至今。以尊者之愿力，当阿难和印度阿阇世王追寻至此时，石门自动打开，看到自己的上师已经入定，二位弟子顶礼供养后，由阿难将尊者留下的部分加持品收集，于鸡足山的金顶之上建一楞严宝塔。此后这座楞严塔经历代多次整修，最终形成了现在的形状。此塔如今已成为鸡足山的标志建筑，而于此入定的迦叶尊者也成了包括汉地禅宗在内的诸多法门中继本师释迦牟尼佛后的第一代祖师。1997 年法王如意宝来鸡足山朝圣时，有人就现量见到楞严宝塔放出金色光芒，而法王的鸡足山之行，还神奇地获得了迦叶尊者的法衣。

在华首门的旁边有一金刚洞，这也是 1997 年由法王如意宝所认定的，被誉为南赡部洲“二胜六庄严”[1]之一的印度祖师无著菩萨当年所修行的山洞。无著菩萨曾于鸡足山苦行十二年后现见弥勒菩萨。

面对心中早已殷殷向往的圣地，先到的弟子都非常兴奋，3 个多小时山路行走的疲劳也已消失得无影无踪，一个个开始仔细地端视这壮观而神秘的石门，有的弟子还禁不住用手或头轻轻地触碰一下石壁，好像这石壁是有生命的，要让它带自己返回佛陀住世的年代一般，而石门后迦叶尊者入定的情形更是令人心驰神往、浮想联翩。此时，堪布静静地注视华首门片刻，然后独自坐在石门前，安然入定。当太阳把金色的光静静地洒在堪布身上的时候，华首门前好像新添了一尊庄严的佛像。

大约过了 20 分钟，堪布站起身来，带领已经到达的弟子在华首门前顶礼。

[1] “二胜”谓精通佛教最胜根本，即精通戒律学的两大论师释迦光和功德光；“六庄严”谓精通中观的龙树菩萨和圣天菩萨，精通对法学的无著菩萨和世亲菩萨，精通因明的陈那论师和法称论师。

在华首门前，希阿荣博堪布为弟子们开示法王如意宝与鸡足山的甚深因缘

弟子们陆续到齐后，堪布重新坐到华首门前，向弟子介绍道："这就是鸡足山的华首门，迦叶尊者于两千五百年前入定的地方。当年释迦牟尼佛圆寂前，将自己真正可以利益众生的甘露妙法全部交付给了迦叶尊者。待世尊圆寂后，为了让佛法广弘，迦叶尊者按佛陀的嘱咐，完成了佛法的第一次结集[1]。此后，迦叶尊者持释迦牟尼

[1] 佛法的结集：关于佛法的结集各教派的观点稍有不同，现以藏地学者蔡巴·贡噶多吉所著《红史》为释。在本师释迦牟尼佛示寂的次年，由迦叶尊者主持召集五百罗汉进行了第一次的结集，当时由阿难尊者结集出经藏，优婆离尊者结集出律藏，迦叶尊者结集出论藏。佛法的第二次结集是在释迦牟尼佛圆寂后一百一十年，由阿育王担任施主，于广严城进行，有七百罗汉参加。佛法的第三次结集是在释迦牟尼佛圆寂后三百年，在迦湿弥罗国进行，由迦腻色迦王担任施主，召集五百阿罗汉、五百菩萨和六千班智达共同完成。

佛所赐黎衣，来到了鸡足山的华首门入定，等待弥勒下生[1]。现在迦叶尊者就在这石门的后面入定，所以这里是整个南赡部洲最具加持力的圣地之一，法王当年来此朝圣时，就在这里居住过。

“弥勒佛是我们贤劫第五佛，到弥勒佛下生此间，那时人寿八万岁，而弥勒佛示现成佛的地方也与释迦牟尼佛一样，在现在印度的金刚座。在成佛后，弥勒佛会首先来到鸡足山初转法轮。到那时，跟随弥勒佛来此的弟子将会目睹迦叶尊者与弥勒佛相会的圣景。在弥勒佛行到此处时，此门会自动打开，弥勒佛会将迦叶尊者放入手中，在自己的众多弟子前广泛称扬迦叶尊者在释迦牟尼佛时期跟随佛陀苦行持戒的无量功德。以此为始，弥勒佛将在南赡部洲广弘佛法。

“迦叶尊者出生在古印度，出生时全身金色，而且尊者的家庭非常富有。但尊者为求解脱，抛弃富贵，一心向道，昼夜精进。尊者是释迦牟尼佛的上首弟子，身高与释迦牟尼佛的身高差不多，比我们一般的人高几倍，尊者与妻子虽结婚多年，但一直过着非常清净的生活。有一次迦叶尊者看到一条蛇爬到了妻子的身上，便用一根木棍将蛇挑开。后来尊者与妻子先后出家，成了佛陀的弟子。”

两千多年前的事情，堪布娓娓道来，好像就发生在昨天，令听者全神贯注，身临其境。

“无著菩萨在鸡足山苦行的故事你们在法本里肯定都看过多次，这边上的金刚洞就是由法王如意宝于1997年来此朝圣时所认定的无著菩萨曾经苦行十二年的山洞。当时法王应汉地弟子的祈请，到桂林看病，在这期间，法王突然回忆起了自己曾化身为善财童子，在文殊菩萨的教诲下，参拜了一百一十多位善知识，其中就到过安

[1] 弥勒下生：本师释迦牟尼佛是此贤劫第四佛，贤劫第五佛就是弥勒佛，至弥勒佛来时，亦于印度金刚座下成佛。时间距今非常久远，年代以亿为计，凡夫以分别念极难了知。

乐源参拜，而当时的安乐源就是现在的桂林，甚至法王当时拜见善知识的地方就是1997年法王居住的房子的原址。因缘真的是不可思议。后善财童子按照上师的指引，又从安乐源来到了现在的鸡足山参拜弥勒菩萨。法王在1997年到达桂林时，就有鸡足山的出家人在拜见法王时向法王祈请，希望法王能来鸡足山，认定一下当年无著菩萨修行过的山洞。以此因缘，法王又来到了鸡足山，这与当年善财童子所走之路没有一丝的不同。在来到鸡足山后，法王在许多前人修行过的山洞中入定，最后认定这个山洞就是无著菩萨修行了十二年的山洞。

“在佛学院的时候，法王还在四众弟子前讲过，在无著菩萨于此地苦行时，他曾化身为大悲铠甲，与文殊菩萨化现的智慧铠甲一起来到鸡足山拜见无著菩萨，法王一直可以清楚地回忆起当时见到无著菩萨时的情形。每当法王讲到这件事时，都能很详细地讲出当时的一些细节，比如当时无著菩萨身边只有一个吃饭用的破瓦罐，住在一个什么样的地方以及当时鸡足山的情形等等。法王在自己的光明境界中也曾来过此地，并现见至尊弥勒菩萨。圣者的智慧和神通是不可思议的，以一般凡夫的分别念根本无法了知，所以你们对此不要有任何的怀疑。

“到至尊弥勒示现圆寂时，会将自己的教法交付大悲尊者。因法王如意宝往昔和今世的不共愿力，特别是法王于1990年到达印度金刚座时发愿：在此贤劫未来诸佛示现成佛时，都会到诸佛面前承事供养，恒时愿做诸佛弟子。所以到时法王将化身为大悲尊者，在获得至尊弥勒佛的教法传承后，继续弘扬佛法。所以，鸡足山在很早以前就有法王如意宝的化身善财童子于此朝拜弥勒菩萨，而在许多许多年后，弥勒佛又会将教法付予法王的化身大悲尊者。今天在如此的圣地，我们作为法王如意宝的弟子，一定要好好地祈祷法王如意宝，好好地发愿，在这样极具加持力的圣地发愿，我想愿望会很快实现的。”

用汉语开示后，堪布又用藏语向母亲和随行的藏族弟子讲解华首门圣地的由来。待堪布讲解完毕后，大家在华首门前，将买来的几十支蜡烛一一点燃供养，象征佛法智慧光明的火焰在微风中缓缓跳动。

堪布开始与弟子们念诵《法王如意宝住世祈祷文》和《八吉祥颂》等经文，祈祷加持，念经的声音在华首门前回荡。

在华首门举行会供

念完上述仪轨后，在堪布的带领下，弟子们拿出事先带来的《普巴喉部修证独意金刚橛法》和《普巴喉部支分酬忏普贤供云》修法仪轨的法本，开始会供。

会供是藏传佛教中的修法仪轨，修行者通过念经和观想的力量将供品供养给上师三宝，祈祷加持，由此可使自己速清业障，增长福慧。所以会供也是无上金刚乘的方便法门之一。

此普巴金刚的修法仪轨，是法王如意宝当年在尼泊尔时于阿色拉圣地的岩洞中取出的莲花生大士的伏藏修法，并由印度一随行高僧记录而成，所以此法传承清净，极具加持力。

弟子们跟随着堪布手中铃鼓的节奏，念诵着仪轨。

丹增尼玛喇嘛将我们带来的供品依次放到前面的供台上。堪布也不时地打出各种手印。

此时此刻迦叶尊者在华首门内入定的情形是怎样的呢？贤劫第五佛弥勒佛来到这里时，鸡足山和我们生活的这个世界又会是什

堪布带领弟子们在华首门前举行会供

么样的呢？弟子们的分别念随着念经的声音慢慢地生起又慢慢地消失……会供大约持续了两个小时。

会供结束后，堪布要求弟子念诵《文殊大圆满基道果无别发愿文》于此发愿。这一发愿文是由近代宁玛派最伟大的上师全知麦彭仁波切所造，此发愿文可引导念诵者发愿，以上师所传甚深窍诀灭除分别戏论，证悟无上大圆满。根据莲花生大士和许多祖师的授记，在末法时期，因众生烦恼深重，以因乘法门极难调伏，此时金刚乘将广兴于世，而九乘佛法之顶严、三世诸佛究竟意趣的无上大圆满法更将在末法时期于南赡部洲显现出最耀眼的光辉。正如全知麦彭仁波切在此发愿文后所记："有勤因乘难调时，续云普贤教出世。圣言所赞精藏教，愿彼周遍诸世间。”而法王如意宝于1986年，在喇荣五明佛学院希阿荣博堪布的家中观察缘起后，为堪布授记：“希阿荣博将在未来时广弘教法，度无量众生。”[1]

在此前不久的2006年1月1日和8日，希阿荣博堪布在北京组织了护生，护生后的开示中，堪布特意为参与护生的弟子念诵了此法的传承。在1月8日护生圆满结束后，数百名居士在堪布面前举手发愿称今生至少圆满修持一遍五加行法，此五加行修法正是无上大圆满正行修法的前行准备阶段。在发愿后，全体参与护生的弟子又跟随堪布从护生地驱车近百千米来到八大处释迦牟尼佛的佛牙舍利塔。在塔前发愿回向时，堪布带领弟子们又念诵了此发愿文。笔者是一凡夫，但以此因缘观察，法王如意宝为堪布所做殊胜授记的时代已经来临。

此刻，在祖师迦叶尊者入定的华首门前，大家一边念诵一边发愿：以全知麦彭仁波切所作《文殊大圆满基道果无别发愿文》的金刚语加持，愿我们能以对至尊上师希阿荣博大堪布的无伪信心即生证悟菩提。

经文念诵完毕后，堪布坐在原处，慢慢地讲道：“我们今天来到迦叶尊者入定的圣地朝拜，又做了会供，此行非常圆满。刚才大家念诵了大圆满的发愿文，在许多大圆满的法本中，经常以没有云的虚空来比喻大圆满的境界，现在大家看一下，今天的天空没有一丝云彩，缘起非常好。以此缘起，现在我为你们传承全知麦彭仁波切

[1] 法王授记：此事发生在1986年，当时堪布在喇荣五明佛学院学佛。一天法王如意宝与阿里美珠上师和门措上师一同来到希阿荣博堪布的住处，三位圣者的来临使本来就很小的房子显得更加拥挤，但法王好像并没有注意到这些，直接坐到了希阿荣博堪布的床上，笑着说：“今天要观一下缘起。”说着，法王顺手从桌上拿起一张写满字的纸，一看纸上正是希阿荣博堪布所著一篇关于《大圆满法》的著作。见此，法王大喜，说：“今天缘起非常殊胜，以此缘起，你将来弘扬大圆满法的事业会非常广大，利益无量众生。”

所作的《上师供修法仪轨》，也作为一个缘起。”听到堪布的讲话后，弟子们都抬头仰望天空，果然万里无云，太阳虽然快要下山，但此时天空却异常明亮，而在我们的头顶上，一轮明月也不知何时当空升起。于此圣地出现的日月同辉的景象，让弟子们倍感神奇。

堪布开始念诵《上师供修法仪轨》的传承。无上大圆满的教法最重视对上师的信心，修行者的一切善法功德全部来源于上师，所以修持此法对于密乘弟子来讲极为重要。今天能于华首门前得到此法的传承，弟子们心中充满法喜，我们也默默发愿，愿以上师于华首门前传承此法的殊胜缘起，自己今后生生世世都成为至尊希阿荣博堪布的弟子，无论上师于何处演教度众，决不与上师分离。

传法结束后，堪布来到华首门边的金刚洞前，对弟子们说道：“我在洞里坐一下，你们等等。”说着堪布独自走进了金刚洞。天色渐晚，时间一分一秒地过去，弟子们静静地在洞外等候。

金刚洞：印度祖师无著菩萨
为弘扬大乘佛法闭关苦修的山洞

在本师释迦牟尼佛圆寂约九百年时，印度的大乘佛法日渐衰落，无著菩萨为弘扬大乘佛法，来到至尊弥勒菩萨的道场鸡足山，欲面见弥勒菩萨求大乘法要。经过十二年的修行，终以无量悲心遣除障碍，亲见至尊弥勒菩萨，并随之赴兜率天宫。弥勒菩萨将自己所著可涵盖全部大乘佛法精要的“弥勒五论”[1]等大乘法要全部传给了这位肩负重任的弟子。而兜率天传法一午的时光，在人间已经过去了五十三年。无著菩萨从兜率天回到人间后，开始广弘大乘佛法，并开创了辉煌千年的广大行派大车之宗的传承。所以此金刚洞也是印度祖师无著菩萨获得大乘无上妙法的殊胜之地，而法王如意宝几次来到此地的神奇经历也让弟子们对洞内的情景充满遐想。

此时此刻，象征无上大圆满境界的虚空湛蓝无云，即将落山的夕阳与刚刚升起的月亮交相辉映，游舞人间的圣者又一次与在天宫法界的圣者于金刚洞中相会，而这短短的一会，在堪布未来弘法利生的事业中又会增添怎样的辉煌呢？

时间不知过了多久，堪布面带微笑地从金刚洞中走出来，与此次跟随前来朝圣的弟子一同在华首门前合影。

马上要下山了，天色也渐渐暗了下来，这时弟子们才想起堪布的病情。从早上出发到现在已经差不多 10 个小时了，而且一天都在不间断地爬山、念经，堪布的身体会怎么样？“我们这次朝圣已经非常圆满了，现在下山吧。我的病已经好了。”未等弟子询问，堪布已带头向山下走去。与来时相比，堪布此时已判若两人。看着堪布的背影，弟子们都不由自主地望了望身边的华首门、金刚洞，而后跟随堪布的脚步向山下走去。

太阳落山了，一日的朝圣也结束了。

这时，明亮的月光穿过稀疏的树枝静静地洒在山间蜿蜒崎岖的小路上，就像一个无比慈爱的母亲，为自己的孩子照亮回家的路。

---

[1] 弥勒五论：至尊弥勒菩萨于兜率天宫为无著菩萨所传的五部论典，圆融汇集了大乘佛法所有经论的深广教义。汉传弥勒五论包括《瑜伽师地论》《大乘庄严经论颂》《分别瑜伽论》《金刚般若波罗蜜多经论颂》《辨中边论颂》，藏传弥勒五论则是指《辨法法性论》《辨中边论颂》《究竟一乘宝性论》《现观庄严论》《大乘庄严经论颂》。

在佛法住世的千年时光中，应化世间的诸多圣者也像鸡足山千年不变的日月，一个刚刚落下，另一个早已升起，日复一日，从无断绝。

待堪布返回在大理的住处，已是午夜时分，吉祥如意！

2006 年 3 月

第七章

少林寺 白马寺 法门寺 广仁寺

旅游小贴士

• 少林寺

少林寺位于河南嵩山西麓五乳峰之下，因坐落于少室山丛林之中，故名。少林寺始建于北魏，是中国禅宗祖庭，被誉为“天下第一名刹”。经过少林历代武僧的潜心研创和不断发展，少林功夫得以名扬天下。少林寺塔林中现存从唐至今的各类塔 256 座，是古塔建筑群的世界之最。

• 白马寺

白马寺位于洛阳白马寺镇内，始建于东汉。汉明帝派去西域求取佛经的使者，最终用白马驮载佛经、佛像返回洛阳。为纪念白马驮经之举，取名“白马寺”。白马寺是佛教扎根中国后建的第一座寺院，也是名副其实的中国佛教的祖庭和释源。如今的白马寺整体建筑宏伟肃穆，布局严整，保存了大量弥足珍贵的古佛像，此外还有碑刻 40 多方，对研究寺院的历史和佛教文化有重要价值。

• 法门寺

法门寺位于陕西扶风县法门镇，始建于东汉。因安置释迦牟尼佛指骨舍利，法门寺佛塔被誉为“护国真身宝塔”。法门寺地宫是迄今可见年代最久远、规模最大、等级最高的塔下地宫，曾出土释迦牟尼佛指骨舍利、铜浮屠（铜塔）、八重宝函、银花双轮十二环锡杖等佛教至高宝物。其中，佛骨是目前世界上所发现的独一无二的兼有文献记载和碑文证实的释迦牟尼佛真身舍利，是佛教界至高无上的圣物，法门寺也因此成为举世闻名的佛教圣地。

• 广仁寺

广仁寺位于西安市区明城墙内西北角，始建于清代，是康藏和西北一带大喇嘛进京路过陕西时的行宫，故又称“喇嘛寺”。广仁寺既是汉地唯一的绿度母主道场，也是陕西仅存的一座藏传佛教寺院，整体建筑具有浓郁的藏式风格。寺内供奉着随文成公主进藏的觉卧佛像的莲花基座、松赞干布送给唐朝皇帝的纯金绿度母佛像（俗称“长安绿度母”），以及文成公主像等。

• 大慈恩寺

大慈恩寺位于西安市南，始建于唐代，为李治追念长孙皇后而建。玄奘大师曾在此领管佛经译场并创立唯识宗，大慈恩寺遂成唯识宗祖庭。唐代的大慈恩寺是皇家寺院和译经院，是当时最宏伟壮丽的寺院，但如今所见之大慈恩寺是明代重修而成。寺内的大雁塔为玄奘大师亲自督建，现在已是世界文化遗产。

• 终南山

终南山位于秦岭山脉中段，峻拔秀丽，绵延 230 千米，雄峙在古城西安之南，素有“天下第一福地”的美称。“悠然见南山”“寿比南山”的“南山”即终南山。终南山支脉的南五台，青翠峭拔，富产药材，有观音、文殊、清凉、舍身、灵应五峰，古人称其为“终南神秀之最”。全山有 60 余处古迹，有着悠久的隐逸传统，历史上更是高僧辈出。

• 净业寺

净业寺位于终南山北麓，距西安市约 35 千米，建于隋朝，古称“白泉寺”，为“律宗”祖庭。《长安古刹提要》载：“律宗之净业寺，犹相宗之慈恩寺也。因道宣住终南山，又称为南山宗，今寺为各丛林之冠。”寺内有唐代律宗祖师道宣大师闭关修行的山洞，寺外峰顶上有大师的舍利塔。

少林寺

白马寺

法门寺

广仁寺

大慈恩寺

终南山

净业寺

前言

藏历铁虎年（公元2010年）是大恩上师法王如意宝建立喇荣五明佛学院三十周年，也是法王如意宝离开我们的第六年了。

当年，在法王圆寂后，由门措上师担任五明佛学院的院长，继续高举显密佛法的圣幢。为协助门措上师管理学院，法王如意宝的几位心子曾一起商议，由大家轮流协助门措上师负责佛学院的日常管理，共同护持大恩上师弘法利生的道场，继承法王弘法利生的事业，报答法王的恩德。按照当年的约定，今年（2010年）由希阿荣博堪布和益西彭措堪布负责协助门措上师管理学院的日常工作。

新年伊始，希阿荣博堪布带病回到了五明佛学院。

得知堪布已经回到佛学院的消息，学院的管家、堪布纷纷前来探望，并准备与希阿荣博堪布一起商量今年佛学院的工作安排。虽然大家都是共同修学多年的金刚兄弟，彼此之间再熟悉不过，虽然堪布此前也曾经多次示现病状，但此次见到堪布的时候，所有人都吃惊不小：疾病让堪布的身体消瘦了太多。为了祈祷希阿荣博堪布早日康复，在随后的一段时间里，管家、堪布开始组织五明佛学院藏族、汉族僧众念诵《药师经》《长寿经》和长寿佛心咒等经文。

经过一段时间的紧张工作，佛学院的各项工作已经基本安排妥当。看着堪布的身体状况，大家开始劝堪布到汉地治疗，毕竟佛学院海拔 4000 多米的高寒环境实在不利于身体的康复。

几天后，带着道友们深深的祝福和祈愿，病中的希阿荣博堪布离开了五明佛学院。

此次堪布要赴北京、天津等地进行治疗。

7 月，堪布的治疗已经经过了近两个月，医生们认为下一步的治疗要等待几个月以后的复查结果才能确定，于是堪布决定先返回家乡。与以往不同，此次返回成都堪布决定乘坐汽车："朝拜西安法门寺中供奉的释迦牟尼佛真身佛指舍利是我很多年来的心愿，这次想利用返回成都的机会去法门寺朝圣。我也很想到汉地的一些寺庙朝拜，了解一下汉传佛教。另外，这段时间有不少弟子通过次第花开网站给我打来电话，发心皈依，我在电话里给大家传授了皈依，但很多人从没见过面，我也想借这个机会，在经过的地方与这些新皈依的弟子见见面。"得知堪布将赴法门寺朝圣的消息后，几位弟子纷纷祈请同往，毕竟跟随上师朝拜佛指舍利是极其难得的机会。

路上的小插曲

7 月 14 日是堪布离开北京的日子，这一次前来送行的几位弟子并没有像以前那样显得非常难过，因为用不了几天大家又会在西安与上师见面。但临行前还是出现了一个意外：一位负责次第花开网站相关工作的弟子因为疏忽，导致工作上出现了不小的失误。一些知道此事的师兄也都试图将这件事掩盖过去，但这些工作上的疏忽和疏忽后的掩饰在上师面前最终都“败露”了，本来轻松的气氛一下子凝重起来。

接下来的一个多小时里，所有弟子都无一例外地被上师严厉地批评了。虽然几位弟子跟随上师多年，深知上师的一切显现都是殊胜加持的道理，但因为自己不如法的行为让病中的上师显现不悦，此时没有谁的心里会好受，所有人内心都陷入一种深深的自责。而更麻烦的是这里面有的弟子是想与上师同行的，想到今天以这样一种“缘起”出发跟随上师朝圣，接下来几天的旅程真不知道该怎么过。

汽车启动了，今天的目的地是石家庄。车上，发动机单调的声音让车内显得更加安静，弟子们一个个笔直地坐着，谁也不敢先吱声。

“我今天对你们的批评厉害吗？”还是堪布首先打破了车内的沉寂。

“不厉害，不厉害。”说起来车上有的弟子在自己的单位也是不小的领导，平时在员工面前讲起话来也是口若悬河，但此时都觉得有些不知所措，一个个机械地回答着上师的问话。

“你们心里是不是很难过？”堪布继续问道。

“是，是。噢，不难过，不难过。”弟子的回答仍然有些不知所措。

“我今天批评你们，和你们平时批评你们的员工相比，哪个更厉害？”

“我们对员工的批评比您要严厉得多。”大家好像才有点明白上师的意思。

“那你们想想，你们批评员工的时候，员工的心情会怎样！”堪布一句意味深长的话又让弟子们陷入了沉思。

由于出发时耽误了不少时间，到达石家庄时天色已晚。这里的弟子自然不知道刚才发生的事情，所有人都沉浸在见到上师的欢喜之中。晚饭后，上师已经有些疲惫了，石家庄的弟子便请上师早些休息。但不一会儿，上师又把北京的几位弟子叫到了自己的房间，看到上师已经躺在床上，几位弟子羞愧地跪在了床边。“今天我对你们的批评可能有些重，但你们想过没有，在这个信息高度发达的时代，网站一旦出现问题是很难挽回的。本来我们用很多精力办这个网站是为了弘法利生，但如果经常出现问题，恐怕很难起到弘法的作用，这样的话，办网站就没有太大的意义了。所以我希望你们所有发心负责网站工作的人都吸取这次教训，以后工作的时候一定要认真仔细，不能再出现这样的问题了。”听完上师的教言，几位弟子开始向上师深深地忏悔。接着，大家开始与上师一起研究问题的解决办法。这个“会”虽然没有中午的“会”那么正式凝重，却非常有效，大家集思广益，出现的问题得到了比较妥善的解决。

接下来的行程，是朝拜河南的禅宗祖庭少林寺和汉地的第一座寺院白马寺。

禅宗祖庭少林寺

在堪布赶往河南的同时，堪布的另一位弟子慈诚成利法师已经提前来到开封等候。成利法师早年在少林寺出家，并在这一带为信众讲经说法多年。他几年前在普陀山参学时恰逢堪布在普陀山朝圣，拜见后，便对堪布生起了无上信心，后遵师嘱赴峨眉山、乐山一带弘法。此次成利法师赶到开封与堪布见面，希望能利用堪布途经河南的机会，让河南一带对密法具足信心的信众与堪布结缘。

见面后，看到堪布消瘦的身体和略带疲惫的表情，成利法师也吃惊不小，一时竟不知说些什么好，反而是堪布先开口询问法师的身体情况等。

“我们明天怎么安排？”简单的问候之后，堪布想要了解第二天与河南居士见面的情况。

“明天下午我陪上师去少林寺，我当年在少林寺出家时的剃度师现在已经是少林寺的方丈了，他也想在您到少林寺的时候与您见面，方丈还想为您安排住宿。看上去上师的身体还是有些不好，不知道这样安排可以不可以？”法师回答道。

“身体倒没什么，只是这一百多人都发心皈依吗，皈依的话我们见面就有意义。到少林寺不用安排什么，因为我们只是去寺庙朝圣。至于寺庙的方丈，不知道他平时是不是很忙，如果忙不见面也没什么关系。”把第二天的事情安排妥当，已经是晚上 8 点多钟，堪布在房间里随便吃了些弟子们从外面买来的素包子。

7 月 16 日上午，从鹤壁、长垣等地赶来的一百多位信众早早来到了开封，在宾馆的会议室里等候堪布。待堪布走进会议室时，偌大的会议室内已经坐满了信众。

“阿弥陀佛！”一走上讲台，堪布就微笑着躬身合十，用汉地特有的方式和大家打着招呼，目光中自然显露出的慈悲更是感染着现场的每一个人。

“阿弥陀佛！”听到堪布的声音，一百多位信众也马上双手合十，异口同声地念诵着佛号。待堪布坐定，信众开始在成利法师的带领下，向堪布顶礼供养。

“我这次回家乡路过河南，听成利法师讲这里有人希望能皈依，所以在这里和大家见个面。”在示意大家坐好后，堪布开始为信众开示：“一个人如果真正从内心里生起皈依三宝的善念，这肯定是自己往昔做过很多善业的显现。简单说，皈依佛，就是皈依本师释迦牟尼佛，皈依与释迦牟尼佛一样证得无上正等正觉、觉行圆满的圣者，包括阿弥陀佛、药师佛等等十方三世的所有诸佛；皈依法，就是皈依佛陀为利益众生，以无量悲心为众生宣讲的，能够引导众生走向安乐与解脱的教法和证法，汉传佛教、藏传佛教和南传佛教这些法无一例外全部是佛陀亲自宣讲的妙法，全部是我们皈依的对境，不应该有任何分别；皈依僧，就是皈依在佛陀教法下发心出家的僧团，在小乘教法里，四人以上的出家人就可以称为僧团，在大乘教法里，获得登地以上果位的出家人或者在家人，即使是一个人也可以作为僧宝。三宝的法义还有很多，今天我们没有太多时间，不能仔细宣讲，大家回去后可以自己找些法本学习。总之，一个人如果具备了对佛、法、僧三宝的信心，生起了生生世世纵遇命难也不舍弃三宝的坚定决心，就基本上具足了皈依的条件，就可以皈依，而是不是取得了皈依证等形式上的东西其实并不是很重要。”

“还有，大家今天皈依的时候，在自己的心里要生起这样的发心：我今天皈依三宝修持佛法，不是为了自己这一世的安乐和来世的解脱，而是为了所有的众生离苦得乐，最终成就佛果。这就是我们平时所讲的菩提心。不仅仅是今天皈依的时候要有这样的发心，将来时时刻刻都要有这样的发心，比如你在做佛事的时候，哪怕只是在佛前供养一支香，磕一个头，都要用菩提心来摄持。这样的发心会让我们所有的善根都成为解脱与成佛之因。菩提心对于一个学佛人来讲非常重要。”为信众简单开示后，堪布开始带领信众念诵皈依的仪轨，现场一百多名信众在堪布的摄受下进入了佛门，成了佛、法、僧三宝的弟子。

接着，堪布就如何断除不善业、行持善业等方面为大家进行了开示，特别是希望所有人今后不要再造杀生的恶业，并尽自己的能力做到食素放生。堪布无缘大悲中自然流露出的教言，缓缓地进入了在场每一位佛子的心中，佛子们相续中被埋藏了很久的善根也开始慢慢地萌发，不少人止不住地流下了泪水。

“皈依后，大家就要开始闻思佛法。我听说在这里有很多寺庙，不少法师也在尽己所能地为众生宣讲佛法。只要经过观察是具德的上师，你们就可以去亲近他们，跟着他们学习，向他们请法。还有，我希望今天来皈依的人每人都能发愿尽快圆满念诵一百万遍阿弥陀佛圣号，这对你们将来的往生有很大的利益。我这次是第一次来河南，也是第一次在这里摄受弟子，我想观察一下缘起，发愿念诵的人举手我看一下。”堪布的话音刚落，现场的一百多名信众都举起了手臂，在堪布面前发愿圆满念诵阿弥陀佛圣号一百万遍。

“很好！”看到大家举手发愿，堪布也非常欢喜：“因为下午还要赶路，所以今天没有太多时间，今后我能不能再来河南也不知道，但来不来不是很重要，因为今天我们已经结上了上师和弟子的因缘，你们只要按照自己的发愿去做，精进修行，将来一定会有一个好的结果。另外，我看到有的人想要供养我，我不要大家的任何供养，你们用这些钱去护生是最好的。”开示结束时，看到不少信众准备供养，堪布马上制止了大家。

离开开封，堪布准备于下午前往嵩山少林寺朝圣，因为上午为信众开示的活动结束得有些晚，为了节省时间，堪布与几位弟子在车上随便吃了些东西权当午饭。车刚刚开出古城开封不久，与堪布同行的成利法师就接到了居士们打来的电话，原来刚才皈依的一百多名信众此时正在黄河边护生，祈祷上师长久住世。看来堪布与这里的众生确实有着很殊胜的因缘。

车继续前行。不久就到了千年古刹、汉地禅宗的祖寺——少林寺。一千多年前，被誉为汉地禅宗初祖的印度达摩祖师曾在这里面壁九年，而禅宗第二祖师慧可大师为向达摩祖师求得无上法要，不惜立雪断臂的故事也曾发生在这一带。如今这座千年古寺更是蜚声海内外，成为汉地最具影响力的寺庙之一。

来到嵩山的山门，这里距少林寺还颇有一段距离，但堪布决定步行，一路之上圣地不可思议的景致让堪布大为赞叹。来到寺庙前，成利法师事先联系了一位少林寺的出家师父为堪布一行做向导。走进寺内，一座座庄严的佛殿、一块块古老的石碑都在诉说着少林寺悠久的历史。在寺庙最后一座大殿内，供奉着寺庙最古老的一尊佛像，这里原本平坦的地面，如今已经塌陷，地面上有了一个个的坑，据说这是僧人们练功时留下的。这个场景相信很多人都非常熟悉。进入佛殿，堪布在古老的佛像前顶礼供养，献上了吉祥的哈达后，

堪布在少林寺千佛殿。殿内供奉着古老的毗卢遮那佛，两旁是大型壁画《五百罗汉朝毗卢》，地面的数十个脚印相传是当年寺僧练功时所留

开始念经祈祷。堪布诵经的法音回荡在这座千年佛殿中。

诵经后，堪布从大殿出来，这时迎面跑过来一位僧人，原来是少林寺的方丈在得知堪布来到寺庙后，请堪布前去见面。

跟着这位僧人来到方丈的房间，方丈已经等候在那里，互致问候后，方丈请堪布一行入座："今天这里来了好几拨客人，非常忙。就在您来之前，他们刚刚走。想推也推不掉，很是麻烦。"方丈真是个心直口快的人，见到堪布后的第一句话多少带着些歉意。

"多年来，我一直想来少林寺朝圣。这次我到北京看病，返回家乡的路上，正好路过少林寺，也是这位成利法师的因缘，所以就来朝圣，没想到能见到方丈。"堪布也说出了自己此次少林之行的目的。

"这几年我看他跟着您修行，修法非常好。藏传佛教至今保留着完整的修行次第。在汉地，就拿禅宗来讲，很多修行人都想顿修，渐修的人越来越少了。但顿悟不是那么容易的。在禅宗的传统里，从达摩祖师留下来的传承里，主要还是讲渐修的。后来五祖的大弟子神秀大师也提倡渐修。根据现在修行人的根机，大多数人如果只想着顿修的话，真的会有不小的困难。几年前我也去过藏地，据我观察，在藏地修行者大都依次第而修，这对修行人来说非常好，修行也会很稳妥。由于一些次第没有保存下来，现在汉地不少修行人就只能依戒律来修，以戒律为基础。只不过在修行的次第上已经不明显了。"虽然此次是第一次与堪布见面，但方丈却自言不讳地说出了自己对当今佛教现状的一些看法："各地大概的情况都差不多，汉地的佛教也是这三十年才恢复过来的，现在河南的出家人有两三千人，寺庙有五百多所。近年我也常常听到藏地的活佛来汉地弘法的消息。"

"是，我不是活佛，只是一个堪布，按照汉地的叫法应该是法师吧。"堪布纠正了一下方丈的说法。

“噢，我们一般看到穿喇嘛衣服的都认为是活佛。”方丈也笑了。

“今天来到少林寺我非常开心。虽然我从小生活在藏地，出家后修学的也是藏传佛教中的法门，但我对汉传佛教与藏传佛教都具有同等的信心，没有任何的分别。所以这次成利法师请我来少林寺朝圣，我就答应了。”

“他在少林寺修行了很多年，后来又到藏区，我们寺庙也曾经派出一些年轻的法师，到各地去参学亲近善知识。现在少林寺常住两百多人，再加上在外面读书、参学的都算上有五百多人，这在汉地算得上是大寺庙了。”方丈开始向堪布介绍少林寺的一些情况：“您可能也看到了，这里可以说到处都是游客。虽然僧人的生活区和旅游区是分开的，但从早上 8 点到晚上 6 点，总要忙十来个小时。晚上这里还是比较安静的。”

听了方丈的介绍，堪布停顿了一下，说道：“少林寺不仅仅在河南，就是在世界上都是很著名的寺庙，这个年代佛法日渐衰微，您现在作为寺庙的方丈，一定要让禅宗继续发展下去啊。”

听到堪布刚才的一番话，方丈并没有正面回答，而是说道：“禅宗以前有着很好的传承，一直到民国时期，禅宗的法脉中还涌现出了很多高僧大德。特别是虚云老和尚主持的教派，对禅宗后来的影响非常大。禅宗一直以来都很注重个人的修持，我认为出家人就应该以修持佛法为主，做学问不应该是出家人的事。少林寺现在还保持着这个传统。”

“寺庙有没有关于禅修的规定，比如在这里修行，一定要圆满多长时间的禅修？”堪布向方丈提出了一个修行上的问题。

“我们这里有一个禅堂，是僧人们实修的地方，出家人每天都要坐禅，坐禅时间从四支香开始，一点点增加。每年还有一次四十九天的精进禅七。”

“僧人们坐禅的时候是不是有上师引导？”堪布继续问道。

“有专门的板主，在坐禅不同的阶段，板主都会有开示。但开示很短，这就是禅宗的特点之一，不立文字、不讲过多的东西，修行者守住念头不分心就可以。”方丈回答道。

“我对禅宗不是很了解，在密法里，修行到了一定境界的时候，任何的念头也都要舍弃，不能有任何的执着。”

“修学禅宗和修学密法很多地方都一样，一定要是相应的根机。否则不但不能成就，修行还很容易出现偏差。”

“经过一段时间的禅修，有没有上师对修行的境界进行印证？”堪布继续提问道。

“这里平时是板主通过对修行者的问话了解他的修行状态。板主一般都是有经验的法师来担当。修禅宗如果没有可靠的指导，很容易出偏差。这些年出偏差的也可以说是大有人在。”方丈介绍道。

“现在是佛法衰微的年代，越是这个年代，弘扬佛法越关键啊。”听了方丈简单的介绍，堪布发出了这样的感慨。

“您是在藏地出生的？”也许感到刚才的话题有些沉重，方丈有意换了个话题。

“对，我在藏地出生，一直待在藏地，我的家乡是德格。我在藏地也学过一点佛法，但学得不是很透彻。”堪布谦逊地说道。

“您客气了，几年前我去过藏地，看到那里保留了很好的传统，藏族全民信仰佛教，小孩刚刚出生就会在父母的影响下信仰三宝，可以说佛法的教义已经融入了藏族人的血液里，成了他们的一种天性。汉地从家庭的环境到周围的影响都与藏地有很大不同。所以我也很想有时间再去藏地好好学习学习，现在我们寺庙还有几位法师在色达喇荣五明佛学院学习。”看来不久前去藏地的经历确实给方丈留下了很深的印象。

“您有时间一定要再去藏地看看，在我的家乡德格，那里至今还保持着藏族原始的生活状态。所有人都非常虔诚地信仰佛教，佛法的修行已经成为他们生活的主要内容。现在有一些不懂佛法的人说藏传佛教与汉传佛教、南传佛教是分开的，没有任何关系。其实所有的佛教徒都是释迦牟尼佛的弟子，所有的佛教都是一家，没有任何分别。”

一个多小时的谈话很快结束了，这位方丈和他所谈及的汉地佛法现状，不但给堪布，也给随行的弟子留下了深刻的印象。

走出寺庙不久，路边的一头骆驼吸引了堪布的目光。大家走近才知道，这只骆驼是供游人骑上去照相用的，主人则悠闲地坐在一旁只等着收钱。看到堪布一行几人走过来，这位主人马上意识到又

走出少林寺，堪布在一头供游人合影的骆驼前停步，为它念经加持

来了一笔大买卖，笑着迎上来，但在距离骆驼20多米处，堪布停下了脚步，双手合十开始为这只骆驼念经加持。看到堪布用藏文念经，主人一脸茫然地站在堪布对面，不知所措。念完经，堪布转过身来对弟子们讲道："旁生真的很可怜啊！"

按照计划，今天要赶到洛阳，时间已经不早，大家又马上上车，继续赶路。"今天这位方丈给我的印象挺好的。现在真的是末法时期，很多人随随便便就诽谤出家人，看到出家人显现上有些缺点，就无限地放大，这些人真的造了很大的业障。"前往洛阳的路上，堪布对随行弟子们讲道。

离开少林寺，堪布踏上了前往洛阳白马寺的道路。

白马寺：佛教传入中国后兴建的第一座寺院

几个小时的车程后，堪布一行来到了汉地第一古刹——白马寺。

在汉传佛教中，白马寺是佛法最初进入汉地时所修建的寺庙，在汉传佛教中有着极其重要的地位。"金人入梦，白马驮经"的故事如今在汉地已经是家喻户晓。汉传佛教中第一部经书《佛说四十二章经》就是在汉朝时由两位从西域迎请来的高僧摄摩腾和竺法兰在这里翻译而成的。近两千年来，让无量众生获得佛法利益的汉传佛教最初就是从这里开始弘扬的。白马寺也被誉为汉传佛教的第一祖庭。

这天，白马寺的住持不在寺内，寺庙特意安排了一位学识渊博的出家师父作为堪布白马寺之行的向导。也许是下雨的原因，今天来这里的游人和朝拜的信众并不多，蒙蒙雨雾中，身着红黄相间袈

堪布朝礼白马寺时经过山门前的千年石雕

裟的堪布行走在绿树掩映的庙宇间。伴随着白马寺出家师父的介绍，堪布开始在一尊尊极具加持力的古老佛像前顶礼供养，念经祈祷。

朝礼完毕，堪布甫一走出白马寺的山门，一位来这里朝圣的居士忽然出现在面前，也许是被堪布庄严的法相所折服，也许是宿世的因缘，她全然不顾地上的泥水，跪在地上向堪布顶礼供养，堪布也微笑着双手合十，与这位虔诚的居士打着招呼。

因为还要赶到西安，匆匆吃过午饭，堪布一行便准备直接上路。临行前，堪布拿出一些法本与陪同的几位居士和那位负责宗教事务的工作人员结缘。看来堪布真的希望这几位居士在皈依后还能够好好地闻思啊！

下午，堪布乘坐洛阳到西安的动车离开了古城洛阳。

法门寺朝拜佛指舍利

天色将晚，堪布一行到达了汉地的另一座千年古城——西安。

因为事先已经得知堪布要朝拜法门寺的佛指舍利，不少弟子提前来到了西安等候，有些西安的弟子还是不久前通过次第花开网站刚刚与堪布结缘，初见上师，更是让这些弟子增上了信心。而不少弟子已经很长时间没有与上师见面了，在这里见到上师又能马上跟随上师朝拜佛指舍利，弟子们的心情自不必言说，师徒在一起时常传出的欢声笑语便能说明一切。

7 月 18 日，希阿荣博堪布带着他的弟子们朝拜了佛陀真身的佛指舍利。

与前几天比，虽然朝圣的弟子一下增加了几十人，但西安弟子的安排非常周全。一个多小时的车程后，堪布一行就来到了安放佛指舍利的法门寺。寺庙的几十位僧人早就在门口等候了，待堪布下车，大家向堪布供养哈达后，簇拥着堪布走进了寺庙的客堂。

“这位师父是监院。”刚刚坐下，一位僧人开始向堪布介绍道。监院师父看上去年龄在 50 岁上下，在众多年轻的僧人当中显得老成持重。

“法门寺有佛学院吗？”和监院见过后，堪布开始询问寺庙的一些情况。

“有佛学院，这里的出家人都在学习。”监院讲话时略带些陕西口音。

“佛学院有多少人？”

“法门寺一共有不到一百五十人，其中佛学院有六七十人，常住的出家师父有六七十人。前几天听说上师您要来这里，大家都非常欢喜。”监院介绍时，堪布发现这里的一位出家人非常眼熟，马上问道：“我们好像见过面吧？”“是见过，我1998年在五明佛学院学习时，见过您。”这位僧人笑着回答道。

“这是我们的厚德师父。我们这里现在正学习益西彭措堪布讲的《菩提道次第广论》和索达吉堪布讲的《入菩萨行论》，厚德师父是《入菩萨行论》的辅导。上师这次来这儿，能住多久？”监院问道。

“我以前就特别想来这里朝拜佛指舍利，但因缘一直不具足。这次返回家乡路过这里，特意来到法门寺朝圣。前几天我去少林寺和白马寺朝圣时，心里一直在祈祷，希望能见到佛陀的真身舍利。”

“这枚舍利是释迦牟尼佛的真身舍利，出土以后一直保存在西安。后来在法门寺边上修了一座供奉佛舍利的塔，去年的5月9日才被迎请到这里。”

“法门寺真是太殊胜了。”听了监院的介绍，堪布赞叹道。

“上师这次在汉地走了几个寺庙，有什么感受吗？”旁边一位僧人问道。

“还可以，在我心里，藏传佛教和汉传佛教没有任何的分别，信心是一样的。只是以前和汉传佛教接触得少，不太了解，这次稍微了解了一些。”堪布回答道。

“上师能不能给我们开示一下，我们对五明佛学院的大活佛和大堪布都很有信心。”监院向堪布祈请道。

“我不是大活佛，也不是大堪布。只是佛学院普通的一个堪布而已。说是堪布，其实我的闻思和修行都没有达到堪布的水平。只有一个堪布虚名。”

“上师，我们平日在用功上如何与日常的闻思结合呢？”一位僧人又问道。

“在藏地，一般是一边闻思一边进行实修。比如在修前行的时候，从外前行开始，先由上师宣讲一段经文的法义，弟子闻思，然后进入实修。在外前行修行圆满后，进入内前行，也是由上师先引导，比如修法前如何发心、如何观想等等，然后弟子再用 3 天，或者 7 天的时间，对听闻的法义进行实修。内前行以后，还有密前行。”

“密前行，是不是就是前行引导文？”僧人们好像对密前行不太了解。

“不是，密法里有专门的密前行修法。藏传佛教中，从严格角度讲，即使是我们刚才讲的相对简单的前行修法，也一定要按照严格的次第。弟子在上师的引导下经过实修后，还要由上师来验证和指导，只有经过了上师的验证和开许，弟子才能继续往下修。如果上师发现弟子的修行没有达到要求，会让弟子继续修持，直到通过上师的验证。另外，在藏地也是显密共修，包括净土法门在内的许多显宗的修法，藏地都会拿出专门的时间来修持。”堪布简单的回答遣除了不少僧人心中的疑惑。

“谁还有疑问赶紧向上师请教一下。”这位僧人向周围的出家人说道。

看大家没人提问，监院便继续向堪布介绍法门寺的情况：“法门寺中供奉佛指舍利的佛塔在明代以前一直是木质的，明代时改成了现在这种形式。“文化大革命”期间，法门寺遭到了很大程度的破坏，当时有一队红卫兵来到法门寺挖地宫，挖到距离地宫还有 1 米多远时，寺庙的良卿老和尚看实在没有别的办法，于是找来一堆柴火自焚了。红卫兵看到良卿和尚自焚后都吓跑了。是良卿老和尚用自己宝贵的生命保住了这枚佛指舍利。可以说没有良卿老和尚，我们今天就看不到佛指舍利了。1987 年，佛塔在一场风雨中倒塌，人们重修时发现了佛塔下的地宫，对地宫进行挖掘时又发现了佛指舍利，轰动了世界。这枚佛指舍利曾经去过泰国和韩国等国家，每次出行时，这里都会召开法会，而法会上都会出现很多瑞相，比如说空中有光环、彩云等等。到了 20 世纪 90 年代，这里的诚灌老和尚和精勤老和尚开始慢慢地修复寺庙，由于他们的努力，法门寺才有了今天的规模。从唐代佛指舍利封存地宫到 1987 年被重新发现，一共经历了一千一百多年，一会儿我们先陪您到地宫看一下，里面还保持着当年的情景。其实现在看到的法门寺与当年的规模比起来已经小了很多，法门寺最兴盛的时候是在唐代，那时寺庙的出家人有几千人，寺庙有 24 个院落，后来全部被毁，可惜得很呐。”监院略带陕西口音的话语中，带着很多的无奈。

“这次来，我想在佛指舍利面前好好发愿。另外，还有我的几个弟子跟着来朝圣，我也想在佛指舍利面前给他们做些引导。”谈话即将结束时，堪布对法门寺的僧人讲出了自己的心愿。

堪布说完这番话，刚刚要起身，法门寺的僧人马上来到面前，向堪布顶礼供养，有的还拿出自己的转经轮和念珠，祈请加持。堪布接过转经轮，轻轻转绕后，又放在了每一位僧人的头上念经加持。

从客堂出来，在僧人的引领下，堪布一行来到了法门寺当年供奉佛指舍利的地宫。地宫重新修缮过了，当年的老地宫已经封存，现在只能通过一个小玻璃窗才能看到，在这个小小的窗口前，堪布开始一面念经一面顶礼供养。供养完毕，僧人们又陪同堪布来到地宫内供奉的影骨舍利前，堪布献上哈达和供养后，开始供灯。这时地宫中除了法门寺的僧众和跟随堪布前来朝圣的弟子外，也聚集了不少信众：“大家坐下来，安静一下。”看着越来越多的人，堪布挥手示意大家：“我们先一起念经祈祷，从《八吉祥颂》开始，然后是皈依、发心。”听到堪布的话，大家拿出法本，跟着堪布一起念经祈祷。由于人越来越多，地宫中的通道此时已经被堵得严严实实。前来朝圣的信众和游人见此，索性就停下脚步，或站立或坐在地上静静地听着诵经，没有任何抱怨。

念经后，法门寺的一位僧人拿来了一个扩音器，堪布接过扩音器，讲道：“今天来法门寺，在这么殊胜的地方，本来我想给大家进行释迦牟尼佛的灌顶，但现在看来，人实在太多，条件不具足，不过没关系，一会儿给大家念诵一下《释迦牟尼佛修法仪轨》的传承。这里是佛指舍利安住了一千多年的地方，非常殊胜。你们来到这里，一定要好好发愿。当年释迦牟尼佛亲自讲过，在他的面前祈祷发愿，和在他圆寂后在佛舍利面前祈祷发愿没有任何区别。所以你们只要好好发愿，愿望一定会很快实现。

“我希望在这样的圣地，大家不要为了自己的健康长寿和财富圆满等发愿，要发愿为了所有的众生早日脱离痛苦，最终成就佛果而修持正法。发愿自己成就以后，度化无量的众生。

“还有，现在伤害众生的行为越来越多，我希望你们能够发愿，从现在开始，生生世世都不伤害任何众生，不杀害众生。”堪布简单开示后，开始为现场所有信众念诵《释迦牟尼佛修法仪轨》《心经》和《随念三宝经》等经文传承。堪布的法音在这座曾经供奉佛指舍利的千年地宫中回响，传入了每一位佛子的心中。

传法结束后，堪布继续讲道：“刚才传承的《释迦牟尼佛修法仪轨》是全知麦彭仁波切所作，《心经》和《随念三宝经》则是佛陀传承下来的。现在传法已经圆满，下面我们一起念诵《普贤行愿品》回向功德。”在堪布的带领下，现场的一百多位信众共念《普贤行愿品》，发愿回向。

法门寺地宫朝圣后，已经时过中午，弟子们安排堪布与法门寺的师父吃午饭，之后堪布一行直接来到了供奉佛指舍利的合十塔。这座合十塔在2009年5月完工后，佛指舍利就被迎请到了这里。整座合十塔高140多米，形状如一双合十的双手，在“双手”的中间，是供奉佛舍利的一座佛塔。走进合十塔，塔内供奉着一尊几十米高的本师释迦牟尼佛像，佛像全身金色十分庄严，佛陀的两位弟子阿罗汉大迦叶尊者和阿难尊者分立在佛像两侧，由于佛像很高，所有人至此都会自然而然地仰视佛像，恭敬之心油然而生。而整个佛殿又高又广，这就更能让人在脑海中忆念起佛法无边。在佛像前的一个佛龛内供奉着一枚舍利。在庄严的释迦牟尼佛佛像前，堪布带领弟子们顶礼供养后，开始念经向佛陀祈祷。

祈祷后，负责安排此行的弟子将堪布领到了大殿旁的一个小小的

堪布带领弟子们在供奉佛指舍利的合十塔内念经祈祷

侧门前，原来真正的佛指舍利就被供奉在佛塔下的一个秘密地官内。由于佛指舍利被世人视为“国宝级文物”，所以地官内有着严格的安保措施：所有进入地宫的人必须经过安全检查，任何照相和摄像设备也严禁入内，每次进入地宫，停留的时间也只能有几分钟，而且还会有几名安保人员全程“陪同”。

经过安检，堪布一行乘上了一座电梯，电梯缓缓向下，离佛陀越来越近了，虔诚的佛弟子们此时的心情已经无法平静：所有人的心里都涌起了一股暖流，这种温暖的感觉又慢慢地传遍了全身，最后化成欣喜与感恩的泪水涌出……

走出电梯，穿过一条长长的过道，只见两扇足足有三四十米高的大门开始向两边移动，一颗颗不知迷失了多久的心，此时又让上师重新找回，并在上师的带领下重新回到了佛陀宽大温暖的怀抱。走进大门，空旷的大厅之内一座高高的法台坐落在正中，堪布与弟子们在法台前顶礼供养，沿着法台右转一圈后，忽然堪布向法台左侧一指：“佛指舍利在这！”原来顺着堪布指的方向有一间不起眼的小房间，一个大大的保险柜静静地靠在小房间的墙上。弟子们这才恍然大悟，马上在前面顶礼供养。为节约时间，堪布让弟子们拿出法本：“大家一起念诵《文殊大圆满基道果无别发愿文》。”于是弟子们席地而坐，在佛指舍利的旁边，一起念诵全知麦彭仁波切所作的《文殊大圆满基道果无别发愿文》。

大家刚刚念诵完毕，大厅内进来了几位安保人员，应该是时间到了。此时的堪布仍然坐在地上，如如不动，过了一会儿，开始独自念诵经文。听着上师的念诵，所有弟子的心开始慢慢地安静下来，大家心里也都产生了一种从未有过的觉受，刚才外面那个喧嚣的世界此刻好像已不复存在……

“弟子们，你们现在安住一下。”上师回头向大家说了一句话后，又继续独自念诵经文。突然一声宛若狮吼的声音从上师心底吼出，整个地宫仿佛都跟着震动了一下，而坐在上师身后的几十位弟子的心好像被这股从上师心间迸发出的强大力量推动，身体不由自主地倒向一侧，这是所有人都从未有过的一种感受。上师的念诵还在继续，又不知过了多久，比先前更大的吼声再次从上师的心底发出，这一次大家的感受更加清晰明了……

念诵完毕，上师又示意大家拿出法本，一起念诵《普贤行愿品》："弟子们，现在我们大家一起发愿：为所有的众生离苦得乐而早日成佛，将来我们共同度化众生。"神圣的大殿内，在本师释迦牟尼佛的面前，希阿荣博上师带领着几十位虔诚的佛弟子共同发愿。

朝圣结束了，大家依依不舍地走出地宫。回过头，看到刚才那两扇大门正在徐徐关闭，泪水又再次湿润了双眼……

再次走进电梯，借着电梯内微弱的灯光，大家看到上师略显疲倦的脸上此时洋溢着无尽的欢喜。想到自己刚才的感受，好奇的弟子禁不住询问："您刚才在地宫念诵的是什么经文？我们从来没有听到过。""无上密法的甚深窍诀。"上师的回答如此简单。

仅仅几个小时的接触，法门寺的僧众已经对堪布生起了信心，为向堪布请法，僧人们又将堪布迎请回寺庙。在返回寺庙的路上，堪布嘱咐几位弟子去购买一些会供的物品，准备在法门寺举行会供。

"刚才我们一起朝拜了佛指舍利，非常殊胜。所以我想在这里举行一次会供。会供的功德很多，今天我们没有时间细讲。简单地说，会供对于修行人清净戒律和修持大圆满法都有着不可思议的加持力。"重新坐在法门寺的佛堂里，堪布开始为大家开示。"参加会供前，还没有得到灌顶进入密乘的人应当先祈请灌顶。刚才在地宫里本来很想为大家进行释迦牟尼佛的灌顶，但当时人太多，条件实在不具足。现在我想给大家进行莲花生大士的灌顶。在密法的《文殊

为法门寺僧众和随行弟子赐予灌顶

真实名经》等经教中，佛陀都亲自宣说在他圆寂后，将转世为莲花生大士利益众生，所以莲花生大士与释迦牟尼佛没有任何区别。今天灌顶的时间距六月初四佛陀初转法轮日仅仅过去了两三天，我们又一起朝拜了佛指舍利，所以大家有缘在今天得到这个灌顶，缘起非常好。”简单的开示后，堪布摇动起手中的金刚铃，开始为法门寺的僧众和随行的几十位弟子灌顶。

当堪布手持莲花生大士佛像放到现场每一位佛弟子头顶赐予加持的时候，无上密法的尊贵法脉开始在这座佛陀真身舍利安住了一千多年的古老寺庙得以弘扬。灌顶结束，堪布带领弟子进行会供。会供结束时，已经时近傍晚，这一天的朝圣圆满结束了。

在僧众依依不舍的送别中，堪布离开了法门寺，返回西安。当车辆驶入城区时，古老的西安城已是华灯初上。穿行在光影交错的车流与人流间，再想起刚才在地宫中的情景，真让人感觉恍若隔世啊！

广仁寺：文成公主进藏的出发地

7 月 19 日，堪布决定赴西安的另一处佛教圣地广仁寺朝圣。“在汉地的城市里，我对西安非常有感情，一方面这里是佛指舍利安住了一千多年的圣地，另一方面是因为这里曾是文成公主出生成长的地方和公主进藏的起始地。”在前往广仁寺的路上，堪布和弟子们谈到了自己对这座千年古城的甚深情感。

广仁寺始建于清代，是陕西唯一一座藏传佛教的寺庙。当年文成公主将释迦牟尼佛十二岁等身像带入西藏，安放这尊佛像的莲花基座如今就供奉在广仁寺内。多年来许多藏地高僧大德在途经西安时，都会来到广仁寺朝圣。第十世班禅大师和大恩上师法王如意宝也曾来过这里。

走进广仁寺，这里的工作人员一面向堪布介绍寺庙的历史，一面请堪布首先来到供奉着一尊绿度母佛像的大殿：“这尊绿度母佛像是当年藏王松赞干布为迎请文成公主和释迦牟尼佛十二岁等身像进藏，特意送给唐朝皇帝的。佛像一共用了 6 公斤纯金打造而成。当时唐朝的皇帝在看到这尊曼妙的绿度母像时，非常高兴，就供奉在了西安的皇家寺庙开元寺内。而文成公主进藏，也正是从开元寺出发的，当时僧众还专门为公主念了 3 天的经。到了清代，广仁寺建成，这尊绿度母像就从开元寺移到了广仁寺，直到今天。所以这尊绿度母像非常殊胜。”

听完工作人员的介绍，堪布让侍者土登喇嘛拿出哈达，在佛像前顶礼供养念经祈祷。“当年释迦牟尼佛十二岁等身像的基座在哪里？”从大殿出来，堪布向这位工作人员问道。“就在后面。”跟着工作人员向后面走时，堪布又向身边一位陪同的广仁寺的出家人问道：“这里有多少出家人？”

“有十七位僧人。”这位僧人回答道。

“平时寺庙有没有闻思？”堪布继续问道。

“有时候我们会从藏地，比如塔尔寺等请人来讲讲课。”僧人边走边回答着。

在广仁寺最后面的大殿内，正中供养着一尊本师释迦牟尼佛像，左侧是一尊文成公主像，这两尊佛像都曾在西藏的大昭寺开光，并在大昭寺内佛陀十二岁等身像前安放了七天七夜。文成公主像的后面就是当年曾经安放释迦牟尼佛十二岁等身像的莲花基座。如今基座被玻璃覆盖，上面供养着一只纯金的曼扎盘，唐代高僧玄奘大师当年从印度迎请的释迦牟尼佛的脚印被安放在了莲花座上。佛像的右侧，是一座佛舍利塔，几年前从泰国迎请的几粒佛舍利就放在塔内，现在人们可以看到当初的几粒佛舍利又生出许多新的舍利。

走进这座圣殿，堪布径直来到了曾经供奉过释迦牟尼佛十二岁等身像的基座前，双手合十念经祈祷。然后回过头对随行的弟子们说道：“这个基座原来是与觉卧佛像在一起的，也是由释迦牟尼佛亲自开光加持的。后来文成公主进藏时，这个基座没有带到西藏，这段历史是有真实记载的。法王如意宝曾经来到这里朝圣，你们今天一定要好好发愿。”听完堪布的介绍，弟子们也拿出法本，开始念诵《普贤行愿品》，与上师一起在这个佛陀曾经亲自开光的基座前祈祷发愿。

堪布在广仁寺的文成公主像和曾安放释迦牟尼佛十二岁等身像的莲花基座前祈祷发愿

从这座圣殿出来，堪布在广仁寺的朝圣圆满结束。走出广仁寺，已是中午时分。午饭后稍事休息，堪布叫来了随行的慈诚成利法师，请法师为随行的弟子们作开示。

成利法师依教奉行，为居士们做了对上师的信心与证悟空性的关系的开示。法师用自己多年修行的体会，告诉大家，对上师具有坚定的信心是一个人在修行路上获得成就的至关重要的前提。随后，部分得知堪布来西安的信众也前来拜见，根据信众的祈请，堪布又为大家传授了皈依。在堪布的摄受下，古城的又一批信众进入了佛门，成了三宝的弟子。

7 月 20 日，是堪布在西安停留的最后一天，在弟子们的提议下，堪布决定朝拜西安的另一座千年古寺——大慈恩寺。

大慈恩寺　终南山

大慈恩寺位于西安城南，是当年唐高宗李治做太子时，为超度母亲的亡灵所建，后来玄奘大师从印度返回唐朝后，又在慈恩寺内主持修建了大雁塔，这里也就成为大师翻译佛经的主要道场。一千多年来，一部部让无以计数的汉地众生获得殊胜利益的佛教经典，就是在这里翻译而成的。

来到大慈恩寺，寺庙的一位法师已经在门口等候堪布了："欢迎您来大慈恩寺，寺庙的方丈有事外出，今天我来给您介绍一下大慈恩寺的历史。"简单的寒暄后，僧人领着堪布一行走进了寺庙。

堪布在大慈恩寺顶礼玄奘大师像

“寺庙现在出家人的情况怎么样？”走进寺庙，堪布仍然没忘记了解一下大慈恩寺庙的情况。

“这里出家人不多。当年大慈恩寺占地400多亩，现在我们看到的寺庙面积只是当年的1/7，而且汉地很多寺庙都已经成了旅游场所，这样对出家人的干扰是很大的。您看，当年我在一所佛学院学习的时候，我们班有四十多位出家人，现在能联系到的只有四五位了，其余的都不知道怎么样了。”僧人回答道。

“这里有没有讲经说法？”堪布边走边继续问道。

“有，我们每个星期天的下午2点，会安排一些讲法。”

“噢，这样啊。”听了这位僧人的回答，堪布没有再多问什么。只是静静地跟着这位僧人朝拜这座曾经无比辉煌的千年古寺。

在供奉着玄奘大师佛像和大师顶骨舍利的佛殿内，堪布在这位对众生具无量恩德的圣者像前顶礼供养后，以头触大师莲足，念经祈祷。在大雁塔顶层，堪布又带着弟子念诵《大白在祈祷文》，祈愿佛法久住世间。

这天下午，堪布又与大家来到了西安城郊的另一处佛教圣地终南山朝圣，登上终南山的一座山峰，净业寺豁然出现在眼前。走进寺中，大家发现这里的出家人并不多，但却有近百位年轻人在这里上课学习。见此，堪布饶有兴致地走进课堂，双手合十和大家打着招呼：“阿弥陀佛！”看到身着红黄袈裟的堪布，大家虽然马上站了起来，但眼神似乎都有些茫然。弟子们仔细一打听才知道，原来这里正在进行的是一个中医课程的暑期培训。想必来这里学习的这些年轻人应该是对中医更感兴趣吧。

在寺庙的一角，有一座山洞，洞外的一块石碑上写着“律宗祖庭”四个字。“这是唐代律宗祖师道宣大师闭关修行的山洞。”寺庙的一位僧人介绍道。在佛教的历史上，唐代道宣大师以持戒精严著称。大师曾在此闭关四十年，其间只应玄奘大师的邀请才下山两次参与译经。大师一生“三衣皆纻，一食为菽，行则仗策，座不倚床”的行谊更是让大师远近闻名，甚至许多从西域远道而来的修行人都会至此与大师亲近，而道宣大师也被后人誉为“汉地律宗初祖”。

坐在静静的山洞内，堪布开始念经祈祷。

“这一路我们朝拜了几座汉地的寺庙，汉地当年的佛法真是太兴盛了。现在汉地的物质生活与藏地相比确实丰富很多，这里寺庙的建筑看上去也是金碧辉煌，但真正的闻思修行却很少，非常可惜

堪布在终南山净业寺往昔道宣大师闭关的山洞内

啊！”下山时，堪布对弟子们说出了自己此行的感受。

8 月初，希阿荣博堪布返回了自己的家乡扎西持林。

吉祥如意！

结语

2010 年 10 月的一天，在本文即将完成时，我接到了远在峨眉山的慈诚成利法师打来的电话。原来法师在跟随堪布朝圣回去后，把堪布的传记《喜乐的曼达拉》和堪布撰写的开示《次第花开》邮寄给了他的剃度师。今年农历中秋节成利法师打电话向剃度师问候时，剃度师主动提及此事：“你寄来的书我全看了。从书中这位上师对佛法的理解和描述，可以看出你的这位藏传佛教的上师修行道力很深。你今后一定要好好跟着他修行啊！”言语间透露着方丈对自己这位爱徒的关爱之情，而方丈的胸怀与真诚更令人钦佩。

听到成利法师的转述，我萌生了将方丈这段话收入本文的念头，希望方丈对爱徒的这段肺腑之言，可以让更多的人获益——依止一位具足法相的善知识并跟着他修行，这是我们解脱与成就的基础。另外，因为遵从堪布的要求，本文将方丈对堪布的一些赞叹之语删除，这也给本文留下了一些遗憾。

祈愿所有佛弟子都能在具相善知识的引导下走向解脱。

2010 年 10 月 26 日

圆满了一路的朝圣，堪布在寺外小憩时对弟子们说起此次北京到西安之行的感受

བགོམས་ཀྱང་ཉེས་པ་མི་འབྱུང་བར་འཇམ་དཔལ་རྩ་རྒྱུད་ལས་གསུངས་སོ། །
此咒置經書中　可滅誤跨之罪

图书在版编目（CIP）数据

行者足迹 / 菩提洲著 . -- 海口 : 海南出版社，2021.10（2023.12 重印）

ISBN 978-7-5730-0144-3

Ⅰ . ①行… Ⅱ . ①菩… Ⅲ . ①旅游指南 – 中国 Ⅳ . ① K928.9

中国版本图书馆 CIP 数据核字 (2021) 第 166573 号

行者足迹
XINGZHE ZUJI

作　　者：菩提洲
出 品 人：王景霞　谭丽琳
责任编辑：张　雪
封面设计：水玉银文化 syyart@qq.com
责任印制：杨　程
印刷装订：北京天恒嘉业印刷有限公司
读者服务：唐雪飞
出版发行：海南出版社
总社地址：海口市金盘开发区建设三横路 2 号
邮　　编：570216
北京地址：北京市朝阳区黄厂路 3 号院 7 号楼 101 室
电　　话：0898-66812392　010-87336670
电子邮箱：hnbook@263.net
经　　销：全国新华书店
版　　次：2021 年 10 月第 1 版
印　　次：2023 年 12 月第 2 次印刷
开　　本：787mm × 1092mm　1/16
印　　张：20.5
字　　数：250 千字
书　　号：ISBN 978-7-5730-0144-3
定　　价：68.00 元